제1교시

2025학년도 법학적성시험 대비 GOAT-LEET 모의고사(제2회

언 어 이 해

성 명	

수험 번호							

《수험생 유의사항》

○ 이 문제지는 30문항으로 구성되어 있습니다.
○ **시험 시간은 09:00 ~ 10:10(70분)입니다.**
○ 문제지에 성명과 수험번호를 정확하게 기재하십시오.
○ 답안지는 반드시 컴퓨터용 사인펜을 사용하여 답을 표기하여야 합니다.
○ 교시란은 해당 교시를 정확하게 표기해야 합니다.

《정답공개 및 이의제기 안내》

1. 정답·해설지 배부 및 최종정답 공개
   ○ 21일 2교시 종료 후 1·2교시 정답 및 해설지 배부
   ○ 최종정답: 4월 24일(수) 네이버 법률저널 공식 LEET 카페에 공지
2. 이의제기 안내
   ○ 본 시험 종료 후 네이버 법률저널 공식 LEET 카페(cafe.naver.com/lecleet)에서 '이의제기 신청 게시판'에 양식에 맞춰 제출해 주세요.
   ○ 이의제기 기간: 4월 22일(월) 오후 5시까지
3. 성적확인 안내
   ○ 각 영역별 성적통계는 4월 25일(목) 오후 5시 네이버 법률저널 공식 LEET 카페에 공지
   ○ 개인 성적은 4월 25일(목) 오후 5시 이후 법률저널 홈페이지〉모의고사 신청 배너 클릭〉 성적확인 클릭
4. LEET 모의고사 일정
   ○ 제3회 : 2024.5.5. / 제4회 : 2024.5.12. / 제5회 : 2024.5.19. / 제6회 : 2024.6.2. / 제7회 : 2024.6.16. / 제8회 : 2024.6.30. / 제9회 : 2024.7.7. / 제10회 : 2024.7.14.
5. **매회 격려장학금 지급 / 제6회부터 장학생 선발**

법률저널

제 1 교시

언어이해

성명 | 수험 번호 | 제2회

○ 이 문제지는 30문항으로 구성되어 있습니다. 문항 수를 확인하십시오.

○ 문제지의 해당란에 성명과 수험 번호를 정확히 쓰십시오.

○ 답안지에 수험번호, 문제유형, 성명, 답을 표기할 때에는 '답안 작성 시 반드시 지켜야 하는 사항'에 따라 표기하십시오.

○ 답안지의 '필적확인란'에 해당 문구를 정자로 기재하십시오.

[1～3] 다음 글을 읽고 물음에 답하시오.

상속의 포괄승계 및 당연승계 원칙이란 상속인이 상속개시사실을 아는지 여부나 상속을 희망하는지 여부를 묻지 않고 법률상 당연히 피상속인의 모든 재산상의 권리의무를 포괄적으로 승계하는 원칙을 말한다. 상속의 승인과 포기는 상속의 포괄승계 및 당연승계 원칙으로 인해 상속인이 입을 수 있는 불이익을 제거하기 위해 상속인에게 의사를 표시할 수 있는 기회를 부여하는 제도이다. 상속의 승인 또는 포기의 의사표시를 하기 위해서는 행위능력이 있어야 하므로 미성년자 등 제한능력자의 경우에는 법정대리인이 이를 행사하게 된다. 그런데 미성년 상속인의 법정대리인인 친권자가 제한 없이 상속을 승인하거나 포기할 수 있을 경우 미성년 상속인 본인에게 재산상 불이익이 발생할 수 있다는 문제가 있다.

프랑스에서는 오래전부터 미성년자를 포함하여 제한능력자의 상속의 승인 및 포기 문제에 대해 제한능력자 보호라는 입법 취지에 따라 제도가 시행되고 계속 보완되어 왔다. '2015년 오르도낭스' 개정은 이러한 제도적 보완의 일환으로, 가족에 대한 권리의 간소화와 현대화라는 입법 취지에 따라 친권을 행사하는 부모의 법정재산관리권에 관해서 규정하고 있다. '2015년 오르도낭스' 이전에는 부모가 공동으로 상속의 승인이나 포기와 같은 행위에 친권을 행사하는 단순법정재산관리의 경우에는 부모의 협의로 하되 협의가 되지 않는 경우에는 후견 법관의 허가를 받아야 했다. 한편 부모 일방이 사망하거나 친권을 상실하는 등의 이유로 부모 일방이 친권을 행사하는 경우에는 후견 법관의 계속적 통제의 대상이 되었다.

'2015년 오르도낭스'의 핵심적인 개정 내용으로는 우선 친권으로서의 법정재산관리권과 관련하여 후견 법관의 사전 허가 제도를 도입하였다는 점이 있다. 즉 개정 전에도 후견 법관의 허가는 통상 사전에 행해지고 있었으나 개정법은 후견 법관 허가는 사전 허가일 것을 명시적으로 규정하였다. 또한 개정 전 법률은 부부가 공동으로 친권을 행사하는 경우와 단독으로 행사하는 경우를 구분하여 규정하였으나, 개정법은 개정 전 법률과 달리 양자의 경우 같은 법적 요건 및 효과가 적용되도록 하였다. 공동 친권의 경우와 단독 친권을 구별하지 않고 제387-1조에 미성년자의 재산과 관련된 법률행위 가운데 후견 법관의 사전 허가가 필요한 8가지의 행위 유형을 규정하였으며, 이 중에는 '미성년자에게 귀속한 상속의 단순승인'이 포함되어 있다. 즉 개정법은 미성년자의 재산상 위험을 수반할 염려가 있는 행위를 지정하여 공동 친권과 단독 친권의 구분 없이 사전 허가 제도에 의해 후견 법관이 관여할 수 있도록 하였다.

이때 사전 허가가 필요한 것으로 규정된 위 행위가 제한적 사유인지를 검토할 필요가 있다. 이를 제한적 사유로 보면 법문의 반대 해석상 여기에 해당하지 않는 행위는 후견 법관의 허가를 요하지 않는다. 이에 대해서는 해당 조문에 열거된 행위가 지나치게 한정적이라는 점을 비판하면서, 이를 제한적 사유로 보면 미성년자에게 재산상 불이익을 입힐 수 있다는 점을 지적하는 견해가 있다. 특히 부모 일방의 사망으로 생존한 부모가 미성년자에게 귀속한 상속재산에 대해 포기를 하는 경우와 같이 미성년자의 재산과 관련하여 불이익한 결과가 발생할 수 있는 행위도 단순승인과 같이 후견 법관의 허가가 있도록 제387-1조를 제한적 사유로 해석해서는 안 된다고 주장하는 견해도 있다.

그런데 미성년자에게 귀속한 상속재산에 대한 포기는 결국 권리를 포기하는 것이고, 미성년자의 권리에 대한 포기는 해당 조문상 이미 규정되어 있다. 따라서 미성년자의 재산과 관련하여 중요한 영향을 미치는 상속의 포기는 위 권리 포기 규정을 유추적용하여 후견 법관의 사전 허가가 필요한 것으로 볼 수 있다는 견해가 있다. 프랑스의 최고법원인 파기원도 종래 미성년자에게 속한 상속재산의 포기와 관련된 사안에서, 친권자가 미성년 상속인에게 귀속한 상속재산을 포기하기 위해서는 후견 법관의 허가가 필요하다고 판시해 왔다.

우리나라의 민법상으로 미성년 상속인의 친권자는 이해상반행위에 해당하지 않는 한 특별한 제한 없이 미성년 상속인에게 귀속한 상속재산에 대하여 승인이나 포기를 할 수 있다. 여기서 이해상반행위란 행위의 객관적 성질상 친권자와 그 자(子) 사이 또는 수인의 자 서로 간에 이해의 대립이 생길 우려가 있는 행위를 가리킨다. 그런데 이 친권자의 이해상반행위 여부를 판단하는 명문의 규정이 없이 해석상 인정되는 것이라는 점에서 미성년 상속인 보호에 미흡한 점이 있다. 미성년 상속인 보호를 위해 친권자가 상속을 승인하거나 포기하는 경우에는 프랑스민법과 같이 명문의 규정으로 법원의 개입을 인정할 필요가 있다.

1. 윗글에서 알 수 있는 내용으로 적절한 것은?

① '2015년 오르도낭스' 이전 프랑스에서는 부모 일방이 미성년 자녀에게 귀속한 상속재산의 포기를 하기 위하여 후견 법관의 허가를 받아야 한다.

② '2015년 오르도낭스' 개정으로 후견 법관의 허가가 사후적으로 행해지는 것이 빈번하다는 문제가 해결되었다.

③ '2015년 오르도낭스' 개정의 입법 취지는 친권 행사의 사법적 통제 제도를 확대하기 위한 것이었다.

④ 우리나라에서는 미성년자의 친권자가 상속의 승인의 의사표시를 하는 데에 제한이 없다.

⑤ 프랑스의 후견 법관 제도는 '2015년 오르도낭스' 개정 이전에도 존속하고 있었다.

2. ‘제387-1조’에 대한 설명으로 가장 적절한 것은?

① 제387-1조를 제한적 사유로 보면 친권자에게 부당하게 불이익을 입히게 된다는 견해가 있다.
② ‘친권자가 미성년자에게 귀속한 상속재산에 대해 포기하는 경우’를 독자적인 행위 유형으로 규정하고 있지 않다.
③ 미성년자의 권리에 대한 포기를 공동 친권과 단독 친권의 구분 없이 후견 법관의 계속적 통제의 대상으로 삼고 있다.
④ 부모 일부의 사망으로 생존한 부모는 단독 친권에 해당하므로 후견 법관의 허가 없이 미성년자에게 귀속한 상속의 단순승인을 할 수 있도록 한다.
⑤ 제387-1조를 제한적 사유로 해석하는 것을 반대하는 견해는 파기원의 결론이 미성년자에게 재산상 불이익을 입힐 수 있으므로 부당하다고 평가할 것이다.

3. 윗글을 바탕으로 <보기>에 대해 적용한 것으로 가장 적절한 것은?

<보 기>

A와 B는 부부로, 자녀로 C와 D를 두고 있다. A가 사망하여 상속이 개시되었고, C와 D는 미성년자이다. 이때 친권자가 친권을 행사하는 다음의 가정적인 상황을 생각해 보라.

(ㄱ) B가 C, D의 상속의 단순승인을 하는 경우
(ㄴ) B가 C의 상속의 승인과, D의 상속의 포기를 하는 경우
(ㄷ) B가 C, D의 상속의 포기를 하는 경우

① (ㄱ)의 경우 프랑스에서는 후견 법관의 허가가 반드시 필요한 행위에 해당하는지에 관하여 견해가 일치한다.
② (ㄴ)의 경우 B와 그 자녀 간에만 이익 충돌이 없으면 우리나라에서는 제한 없이 허용된다.
③ (ㄴ)의 경우 프랑스에서 ‘2015년 오르도낭스’ 개정으로 인하여 비로소 후견 법관의 개입이 가능해진 행위에 해당한다.
④ (ㄷ)의 경우 프랑스 파기원의 견해에 따르면 (ㄱ)과 달리 미성년자에 대하여 불이익한 경우에 해당하지 않는다.
⑤ (ㄱ), (ㄴ), (ㄷ)의 경우 모두 우리나라에서는 B가 자신의 이익을 도모하고자 하는 의사가 있었는지에 따라 허용 여부가 달라진다.

[4~6] 다음 글을 읽고 물음에 답하시오.

일반적으로 하나의 믿음이 지식이 되기 위해서 그 신념은 정당화된 참인 믿음으로 간주되어야 한다. 내재론자에 따르면 믿음이 정당화되기 위해서는 인식 주체가 그 믿음이 어떻게 정당화되는지에 대해 내적으로 접근 가능해야 한다. 이들은 내가 그 믿음을 정당화하는 것이 무엇인지를 의식하지 못한다면 그 믿음이 나의 지식이 될 수 없다고 본다. 바꿔 말하면 누군가가 내게 어떤 믿음을 참으로 받아들이는 이유를 물었을 때 내가 정당한 이유를 제시할 수 있어야만 그 믿음은 나의 지식이 될 수 있다. 그런 이유를 제시할 수 없다면 그런 믿음을 고수하는 행위는 비합리적인 일이 되고, 그 믿음은 나의 지식이 될 수 없다. 이러한 내재론자들의 발상은 인식 주체가 지식을 올바르게 수립해야 할 책임이 있다는 결론으로 나아가게 했다.

그러나 내재론은 정당화된 참인 믿음이지만 우연에 힘입은 것이어서 지식으로 보기 어려운 문제를 설명하기 어렵다. 이런 문제를 ‘게티어 문제’라고 하고, 외재론은 게티어 문제를 해결하기 위한 대안으로 등장했다. 외재론자에 따르면 어떤 믿음이 지식이 되기 위해서는 반성 같은 인식 주체의 내재적인 접근은 불필요하다. 오히려 믿음을 지식으로 만드는 요인은 인식 주체가 이를 알지 못하더라도 한 믿음을 지식이 되게 하는 힘이 있다. 예를 들어 외재론에서 내세우는 가장 대표적인 이론인 신빙론은 지식을 만드는 요인으로 신빙성 있는 과정, 방식이나 인지 능력을 상정한다. 이에 따르면 믿음이 정당화되려면 하나의 믿음이 참인 믿음을 산출하는 신빙성 있는 메커니즘에 의해 형성되기만 하면 된다. 그러므로 신빙론자는 인식 주체가 믿음의 형성 방식이나 인지 능력이 신빙성 있다는 사실을 모르더라도 그 믿음이 정당화될 수 있다고 본다. 이때의 신빙성은 확실성을 보장하는 개념이 아니라 기껏해야 개연성만을 담보하기 때문에 신빙론에서의 지식은 전통적인 지식 개념과 달리 개연적으로 정당화되는 것이다. 이러한 입장을 받아들이면 정당화된 참인 믿음이 우연으로 지식이 되었다 해도, 이는 신빙성 있는 메커니즘을 거치지 않았으므로 지식이라고 볼 수 없고, 게티어 문제는 해결되는 셈이다.

대표적인 외재론자인 플란팅가는 적합 기능론을 유력한 이론으로 제시한다. 우선 플란팅가는 ‘정당화’라는 용어 대신 ‘보장’이라는 용어를 선호한다. 외재론에서는 믿음을 지식으로 만드는 요인의 신빙성이 높은 개연성이 있어 보장되기만 하면 그 믿음을 지식으로 간주하므로, 정도의 차이를 반영할 수 있는 ‘보장’이 더 적합한 용어라는 것이다. 한편 적합 기능론은 믿음을 지식으로 만드는 여러 신빙성 있는 요소를 필요조건으로 고려한다는 점에서 기본적으로 신빙론이다. 그런 조건으로 먼저 우리의 인지 능력이 적합한 기능을 수행해야 한다는 조건이 있다. 우리는 지각, 감각, 이성, 기억, 반성, 추론 능력과 같이 진리 지향적인 인지 능력을 갖고 있다. 이 능력들이 적합하게 기능하는 경우에만 그 능력으로 산출한 믿음이 지식으로 보장될 수 있고, 잘 기능하지 못하는 경우에는 지식으로 보장될 수 없다.

다음으로 인지 과정이 이루어지는 인지 환경도 중요하다. 인지 환경이 적합하지 않으면 인지 능력이 잘 작동하더라도 신념이 지식으로 보장되지 않는다. 예를 들어 물이 절반 들어 있는 유리컵에 젓가락을 넣어두면 휘어 보일 것이다. 이 경우 인지 환경이 왜곡되어 있으므로 우리는 젓가락이 휘어 있다는 그릇된 믿음을

가질 수밖에 없다.

이어서 인지 능력을 사용하는 목적인 '설계 계획'도 필요하다. 등산객이 발을 헛디뎌 죽을 위기에 처했다고 하자. 등산객은 절벽 사이의 틈을 뛰어넘을 수 있다는 믿음을 주어진 증거가 가리키는 바보다 훨씬 강한 강도로 갖는다. 등산객의 믿음은 보장될 수 없는데, 그 이유는 참된 믿음을 형성할 목적으로 발생한 믿음이 아니기 때문이다. 이런 극한의 상황에서 우리의 인지 능력은 생존이라는 목적에 봉사하기 위해 작동하여 믿음을 만들어낸다. 플란팅가는 인지 능력이 참된 믿음을 산출할 목적으로 사용되는 경우에만 믿음이 지식으로 보장될 수 있다고 주장한다.

마지막 조건은 설계 계획 자체가 신빙성이 있어야 한다는 조건이다. 설계 계획에 맞는 인지 능력이 적절한 인지 환경에서 적합하게 기능했다고 하더라도, 애초에 설계 계획이 엉성하여 참인 믿음을 만들어낼 객관적 개연성이 낮다면, 그 계획으로 형성한 믿음은 참인 믿음으로 보장될 수 없다. 그러므로 설계 계획 자체가 인지 능력이 참인 믿음을 창출할 객관적 개연성이 높도록 세워졌다는 의미에서 건전해야 한다. 이를 조건으로 하면 우리가 갖는 기억 신념, 지각 신념, 선험적 지식, 귀납에 의한 추론 없이 즉각적으로 알게 되는 신념은 위 조건을 만족하는 보장된 참인 믿음, 즉 지식이 된다.

4. 윗글에 대한 이해로 가장 적절한 것은?

① 게티어 문제는 내재론에 대해서는 이론이 가정해야 하는 전제가 되고, 외재론에 대해서는 이론이 해결하고자 하는 목표가 된다.
② 인식 주체가 믿음의 정당화 과정에 내적으로 접근할 수 없더라도 그 믿음이 정당화 가능하다고 보는 입장이 있다.
③ 전통적인 지식 개념에 따르면 일단 지식으로 성립한 믿음은 확실성보다는 개연성이나 신빙성을 갖는다고 추정된다.
④ 플란팅가의 적합 기능론은 우리의 진리 지향적인 인지 능력이 잘 작동한다면 지식을 생성할 수 있다고 보는 이론이다.
⑤ 신빙성 있는 형성 과정에 따라 믿음이 형성되기만 하면 그 믿음이 충분히 정당화될 수 있다는 입장도 내재론이 될 수 있다.

5. 플란팅가의 입장을 추론한 것으로 보기 <u>어려운</u> 것은?

① 일시적인 이명으로 청각 능력이 마비된 사람은 소리에 대한 보장된 지식을 산출할 수 없다.
② 믿음이 지식이 되는 요건과 관련하여 '정당화'는 정도의 차이를 반영할 수 없기 때문에 적합한 용어가 아니다.
③ 생존이 위험한 극한 상황에 처한 인식 주체라면 믿음을 지식으로 보장하는 데에 적합한 설계 계획을 갖기 어렵다.
④ 적절한 인지 환경이 주어졌더라도 인지 능력이 원활하게 기능하지 않으면 개연성 높은 지식을 형성하기 어렵다.
⑤ 어떤 믿음이 보장된 참인 믿음이라면 우리의 인지 능력이 참된 믿음을 산출할 목적으로만 사용된 경우에 해당한다.

6. 윗글을 바탕으로 <보기>에 대해 설명한 것으로 가장 적절한 것은?

<보 기>

갑은 같은 학교 친구 을이 A사의 태블릿 컴퓨터를 들고 사용하는 모습을 자주 봤고, 그 태블릿 컴퓨터가 자신의 것이라고 말하는 것을 수차례 들었다. 즉 갑은 '을은 A사의 태블릿 컴퓨터를 소유한다.'라는 믿음 (1)을 받아들일 적절한 증거가 있다. 갑은 이를 근거로 '우리 학교 사람 중에 A사의 태블릿 컴퓨터를 소유한 사람이 있다.'라는 정당화된 믿음 (2)을 도출했다. 그런데 사실 을은 A사의 태블릿 컴퓨터를 임대해서 사용하는 것이었고, 갑은 학교의 다른 친구인 병이 A사의 태블릿 컴퓨터를 소유하고 있었으며, 갑은 이 두 사실을 모른다. 믿음 (2)는 참이므로 정당화된 참인 믿음이다.

① 내재론자는 믿음 (2)가 지식이 되기 위해 반드시 갑의 내적 반성이 필요하다고 주장하지는 않을 것이다.
② 외재론자는 믿음 (2)가 정당화된 참인 믿음이지만 우연으로 참이라는 사실을 설명할 수 있다고 주장하지는 않을 것이다.
③ 신빙론자는 믿음 (1)이 신빙성 없는 메커니즘을 거쳐 형성되더라도 갑에게 정당화된 믿음이 될 수 있다고 주장할 것이다.
④ 내재론자는 갑이 뒷받침하는 증거를 제시하지 못하면서 믿음 (1)을 믿는다면 비합리적 행위를 하게 된다고 평가할 것이다.
⑤ 외재론자는 갑이 믿음 (2)를 참으로 받아들이는 이유를 적절하게 말할 수 있다면 믿음 (2)가 갑의 지식이 될 수 있다고 평가할 것이다.

[7~9] 다음 글을 읽고 물음에 답하시오.

동물에서 혈액에 의하여 운반되는 거의 모든 산소는 적혈구의 헤모글로빈(Hemoglobin)에 결합하여 운반된다. 헤모글로빈은 폐로부터 신체의 모든 조직으로 산소를 운반하는 단백질로, 2개의 α 소단위와 2개의 β 소단위로 구성되어 있다. 각 소단위체는 산소와 가역적으로 결합하는 헴(Heme)기를 가지고 있어 헤모글로빈은 최대 4개의 산소 분자와 결합할 수 있다. 헤모글로빈에 산소 분자가 하나도 결합하지 않은 상태를 데옥시헤모글로빈(deoxyhemoglobin)이라 부르며 이 상태에서는 헤모글로빈의 소단위들이 가장 안정적인 상태인 '긴장된 상태' 혹은 'T 상태'를 유지하고 있다. T 상태를 유지시키는 이온결합이 깨진 헤모글로빈 소단위는 '이완된 상태'가 되며 이를 'R 상태'라고도 한다. T 상태에 비해 불안정한 R 상태는 산소 분자가 결합함으로써 안정화되기 때문에 산소 분자에 대한 친화도는 R 상태의 소단위에서 더 높다.

헤모글로빈이 폐에서 말초 조직으로 산소를 운반하기 위해선 산소 분압이 높은 폐에서 효과적으로 산소와 결합해야 하고, 산소 분압이 낮은 조직에서 산소와 쉽게 해리되어야 한다. 그런데 만약 헤모글로빈이 산소에 대해서 친화도가 높다면 폐에서 산소와 효과적으로 결합할 수 있지만 조직에서 그만큼 해리시킬 수 없게 된다. 반대로 친화도가 낮다면 헤모글로빈이 폐에서 그만큼 많은 산소를 가져올 수 없다는 문제가 발생한다. 헤모글로빈은 산소가 결합함에 따라 헤모글로빈의 산소 친화도가 낮은 상태에서 높은 상태로 전환되는 ㉠'협동적 결합'이라는 기전을 통해 이 문제를 극복한다.

데옥시헤모글로빈에 결합하는 첫 번째 산소 분자는 T 상태의 소단위에 결합하기 때문에 결합력이 약하다. 그러나 이 결합으로 인해 헤모글로빈의 입체형태가 변화하고 이 변화는 인접한 소단위의 T→R 상태 전환을 촉진하는 방향으로 작용한다. 이에 따라 헤모글로빈의 전체적인 산소 친화도가 높아지며 다음 산소 분자와의 결합이 점점 용이해진다. 산소 분압이 높은 환경에서는 협동적 결합을 일으킬 수 있는 산소 분자의 양이 많아 산소 친화도가 높아지고, 반대로 산소 분압이 낮은 경우 협동적 결합이 그만큼 일어나지 못하여 산소 친화도가 낮아지는 것이다. 만약 헤모글로빈이 결합자리가 하나인 단일 소단위 단백질이었다면 각각의 결합이 독립적으로 일어나기 때문에 결합으로 인한 입체형태의 변화가 다른 단백질의 결합에 영향을 미칠 수 없다. 하지만 헤모글로빈은 사합체 구조이므로 개개의 소단위에서 일어나는 산소 결합과 이로 인한 입체형태의 변화가 다른 소단위의 결합에 영향을 주게 되는 것이다.

'입체다른자리 효과(Allosteric effect)'는 헤모글로빈과 산소의 결합을 조절하는 또 다른 기전이다. 이 효과는 단백질의 한 자리에 분자가 결합했을 때 같은 단백질 내 다른 분자의 결합자리의 결합 성질이 영향을 받는 현상을 일컫는다. 입체다른자리 효과를 발생시키는 대표적인 분자는 양인산글리세르산(BPG)으로, BPG의 헤모글로빈 결합자리는 헴이 아닌 T 상태의 β 소단위들 사이의 공동(cavity)이다. BPG는 이 자리에 결합함으로써 T 상태를 더욱 안정화시키고 헤모글로빈의 산소 친화도를 낮추는데, 이러한 BPG의 작용은 산소량이 부족한 환경에 대한 생리적인 적응에 있어서 중요한 역할을 한다. 가령 고도가 높은 산에서는 호흡으로 유입되는 산소량이 적어지고 이에 따라 조직으로 해리되는 산소량도 부족해진다. 하지만 몇 시간 후 고지대에 대한 생리적 적응이 일어나면 혈액 내 BPG의 농도가 증가하여 헤모글로빈의 산소 친화도가 감소한다. 친화도가 낮아지기 때문에 폐에서 헤모글로빈에 결합하는 산소의 양은 줄어들지만, 오히려 조직에서는 해리되는 산소의 양이 늘어난다. 그 결과, 정상 산소 환경에서와 비슷한 비율의 산소가 조직으로 전달되는 것이다.

7. 윗글의 내용과 일치하지 않는 것은?

① 헤모글로빈 하나에 포함된 헴(Heme)기는 총 4개다.
② 입체다른자리 효과에 의해 고지대에서의 생리적 적응이 일어난다.
③ 산소 분자와 BPG 분자가 헤모글로빈에 결합하는 자리는 서로 다르다.
④ BPG 분자의 생리적 작용은 헤모글로빈의 소단위 종류와는 관계없이 일어난다.
⑤ 협동적 결합에 의해 헤모글로빈 소단위가 T 상태로부터 R 상태로 전이되는 것이 촉진된다.

8. 윗글을 바탕으로 추론한 내용으로 적절한 것만을 <보기>에서 고른 것은?

<보 기>

ㄱ. 혈액 내 BPG의 농도가 높을수록 헤모글로빈 내 T 상태 소단위의 개수가 증가할 것이다.
ㄴ. R 상태 소단위의 개수는 조직을 순환 중인 헤모글로빈보다 폐를 순환 중인 헤모글로빈에서 많다.
ㄷ. 헤모글로빈을 구성하는 소단위의 수가 감소한다면 조직을 순환 중인 헤모글로빈과 폐를 순환 중인 헤모글로빈의 산소 친화도 차이는 증가할 것이다.

① ㄱ ② ㄷ ③ ㄱ, ㄴ
④ ㄴ, ㄷ ⑤ ㄱ, ㄴ, ㄷ

9. 윗글을 바탕으로 <보기>를 이해한 것으로 적절하지 않은 것은?

<보 기>

헤모글로빈의 산소포화도는 헤모글로빈에 얼마나 많은 산소 분자가 결합했는지를 %로 나타낸 수치로, 데옥시헤모글로빈의 산소포화도는 0%, 산소 분자가 4개 모두 결합한 헤모글로빈은 산소포화도가 100%가 된다. 헤모글로빈의 산소포화도는 산소 분압이 높아질수록 증가하며 아래 그래프의 A와 B는 ㉠과 관련하여 각각 폐의 산소 분압(13.3kPa)과 조직의 산소 분압(4kPa)에서 헤모글로빈의 산소포화도를 나타낸 것이다.

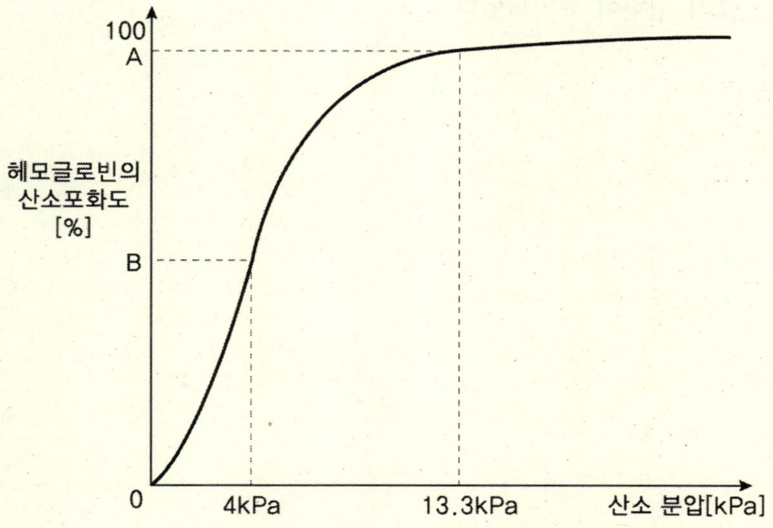

① 조직에서 모든 산소 분자가 헤모글로빈으로부터 해리되지 않는다.
② 헤모글로빈의 산소 친화도는 A 상태에서가 B 상태에서보다 더 높다.
③ A와 B의 차는 헤모글로빈으로부터 조직으로 해리되는 산소의 양을 나타낸다.
④ 고도가 매우 높은 산을 올라간 직후에는 A와 B의 차가 감소되어 있을 것이다.
⑤ 산소가 부족한 환경에서 혈액 내 BPG의 농도가 증가한다면 A의 값은 변화하지 않는다.

[10~12] 다음 글을 읽고 물음에 답하시오.

봉산 사람 곽시복의 처 허씨가 징을 치고 호소하였다. 그 내용에 의하면, 그의 남편 곽시복이 서울에 사는 차이원과 형조에서 송사를 하게 되어 관청에서 시복을 잡아가니 허씨의 시어미가 허씨의 남편을 붙들고 놓지 않자, 형조의 하인이 허씨 남편의 의관을 찢고 허씨 시어미를 구타하여 방금 죽게 되었다는 것이다. 그러나 본 사건은 홍수영과 관련된 것으로서 당상관은 홍최영의 처남이고 당하관 역시 홍수영과 절친한 사이이므로 허씨를 말려서 호소하지 못하게 하였다. 이에 형조에서 아뢰기를,

"차이원과 곽시복이 토지 값을 가지고 송사하게 된 것은 보름 전부터 시작되었습니다. 곽시복이 도로 물리겠다는 뜻으로 공술하고는 기한이 지나도록 이행하지 않으므로 참의 강이정이 붙잡아갔는데, 그때에 보기에는 갓은 비록 찢어졌으나 몸에 상처 난 곳은 없었습니다. 지금 이 공술을 보면 그 남편이 구타를 당하였다는 말은 하지 않았으나 형조의 하인이 조용히 압송하지 못하여 갓이 부서진 것은 매우 놀라운 일이었습니다. 본조의 하인은 신의 조에서 엄격히 다스리겠습니다만, ⓐ 본 송사는 호소가 허용된 네 가지 일에 들지 않았으니 내버려두기 바랍니다. 허씨 여인은 신의 조에서 법률에 의하여 엄히 다스리겠습니다."

하니, 임금이 전교하기를,

"어버이를 위하여 호소하는 것도 또한 호소가 허용된 네 가지 일 이외의 일이라고 말할 수 있겠는가. 송사는 이렇거나 저렇거나 우선 그만두고라도 본 사건은 외척 집안의 토지이고 당상관은 외척 관리의 처남이었다. 더구나 하인을 지방에 풀어놓아 이처럼 제멋대로 행패를 부리게 내버려두었지 않은가. 동료 당상관을 두둔하는 경의 마음으로도 오히려 사실을 완전히 숨기지 못하여 쓰고 있던 갓이 부서졌다고 하였으니, 그들이 행패를 부렸다는 것을 증명할 수 있다. 노파가 그 아들을 위해 붙잡고 말리는 통에 화를 입게 된 것도 그럴 법하다.

대개 근래에 다른 외척 집안이건 이 외척 집안이건 막론하고 지나치게 으스대며 기세를 부리는 꼴을 항상 남몰래 걱정해왔는데, 이때 마침 이 사실을 듣게 되었다. 홍최영 같이 무식하고 사나운 자에 대해서는 마음속으로 늘 민망히 여기던 자로서 반드시 청탁이 있었으리라는 것을 알겠지만, 그의 형으로 말하면 지방에 있었을 뿐 아니라 자못 조심하고 두려워하는 것 같았다. 최영이야 어떻게 자기의 죄를 모면할 수 있겠는가.

이와 같이 횡포를 부리는 버릇은 발각되는 즉시 징계하여야만 허물을 고치지 못하고 있는 옛날 외척과 그것을 본뜨고 있는 새 외척들이 또한 경계할 줄을 알게 될 것이다. 대사령이 방금 지났으니 십분 참작하여 홍최영은 그 직명을 삭탈하여 문안드리는 반열에서 빼어버리라. 죽은 세자빈의 겸손한 덕망으로 얼마나 거듭 훈계하였겠는가마는 그의 성명이 사소한 일로 이와 같은 문서에 오르내리니 이 어찌 통분한 일이 아니겠는가.

참판을 자주 백성들 간의 소송을 담당하는 관리로 제수하는 것은 처음 제수하였을 때의 명성이 없지 않았기 때문이었는데, 뒤에 제수되었을 때가 처음 제수되었을 때만 못하고 잘 다스린다는 소문이 잘 다스리지 못한다는 소문으로 변하여 결국 이처럼 일을 그르치게 되었다. 그 집 어른이 너무도 어질고 유순하여 능히 그 자제들을 단속하지 못하는 것이 애석하다. 본조의 참판 김노영에 대해서는 해부로 하여금 부탁을 받고 송사를 처리하며 하인을 놓

아 백성을 괴롭힌 율문을 적용하게 하라. 비록 경으로 말하더라도 참으로 이른바 초록은 동색이다. 애매한 혐의를 받는 것은 생각지 않고 드러나게 감싸주려는 기색만 있다. 더없이 엄격한 것이 송사인데 이처럼 편을 들고 있으니, 너무도 해괴한 일이다. 경은 파직시키겠다. 본 송사는 황해 감사토 하여금 엄히 조사하여 장계로 보고하게 할 것이며, 그 하인도 황해 감사를 시켜 고문하여 엄히 가두어놓고 처분을 기다리게 하라."

하였다. 이때에 와서 좌의정 시수가 사실을 조사하여 보고하였으나 임금의 마음에 들지 않아 그 계본을 되돌려주게 하고 회유하기를,

"경이 재상의 지위에 이르고 감사의 부절을 안게까지 된 것은, 대개 병신년 봄 이전에는 경의 이름이 오망한 환관 무리의 입에 거론되지 않았고 을미년 겨울 이전에는 경의 나가는 방향이 외척 집안을 가까이하지 않았기 때문이다. 내 생각에는 대대로 지키는 가문의 명성을 조금도 떨어뜨리지 않았다고 보아 수년 동안 의금부 관리로 있는 처지에서 발탁하여 간관과 검토관의 직책을 거쳐 승지에까지 순차를 따라 등용하였던 것인데, 이 조사 보고를 보면 한마디로 말해서 내가 경에 대하여 잘못 생각하고 잘못 알았다. 진작 경이 마음을 쓰는 것이 사(私)에 있고 공(公)에 있지 않다는 것을 알았다면 잘못 알았다는 후회가 어찌 오늘에 나왔겠는가. 비단 홍최영 형제의 나쁜 소식이 될 뿐 아니라 또한 어찌 경의 집에 있어서도 좋은 계기가 되겠는가. 처음 조사하라고 명한 것은 그 토지가 정말 최영의 집 물건이 아니라는 것을 몰라서가 아니었는데, 경은 차씨 가문의 부탁에 귀를 기울여 긴요치 않은 일에 간섭하였으니, 평소에 경계한 본의와는 크게 어긋난다.

이 보고서를 도로 내려 보내니 다시 시급히 수정하여 보고하라. 또 혹시라도 저항하거든 차이원을 즉시 진영으로 넘겨 남의 재물을 훔친 것으로 간주하여 먼저 강도의 율문으로 다스리고, 다음은 외척의 세력을 빙자하여 국법을 두시하며 저항한 것을 다스려야 한다. 전교에 의하여 엄히 신문한 결과의 죄가 여기에 이르렀으니 경이 비록 다시 차이원의 낯을 보아주고자 한들 그리할 수 있겠는가. 이 점을 일체 알고 있으라."

-『조선왕조실록』-

10. 윗글의 내용에 부합하지 않은 것은?

① 일부 외척 집안이 품위 없이 기세를 부리고는 했다.
② 차이원에게 강도의 율문을 적용하는 것이 가능했다.
③ 곽시복과 차이원의 송사는 시작된지 한 달이 안 되었다.
④ 홍최영과 달리 그 형은 품성에 있어서 큰 문제가 없었다.
⑤ 압송 과정에서 곽시복의 갓은 부서졌으나 허씨의 시어미는 무사했다.

11. ⓐ에 관하여 추론할 수 있는 것으로 적절한 것은?

① 호소가 허용된 네 가지 일에 해당하지 않는다면 허씨 부인을 처벌할 방도가 없었다.
② 사건 처리에 관여한 관리 중 백성을 괴롭힌 율문을 적용하여 처분된 관리가 있었다.
③ 시수는 차이원에게 강도의 율문과 국법을 무시하며 저항한 죄를 적용할 것을 청하였다.
④ 곽시복이 약속한 바를 제때 이행하였음에도 형조에서 곽시복을 압송한 것이 발단이었다.
⑤ 사건 처리의 객관성이 의심되었음에도 불구하고 주무관청의 사실 조사 권한이 유지되었다.

12. 좌의정 시수에 대한 임금의 평가로 적절하지 않은 것은?

① 처음에는 가문의 명성에 누가 되는 일을 하지 않았다.
② 차이원과 관련된 청탁을 들어준 것은 부끄러운 실책이다.
③ 송사에서 공정성을 상실하였으니 관직을 삭탈해도 무방하다.
④ 처신을 잘한다고 생각했기에 여러 직책을 거쳐 재상에 앉혔다.
⑤ 공적 업무를 사적 관심보다 일관되게 우선하는 태도가 필요했다.

[13~15] 다음 글을 읽고 물음에 답하시오.

조세전가란 보통 납세의무자에게 조세가 부과되었을 경우 그 부담이 담세자에게 실질적으로 이전되어가는 현상을 말한다. 납세의무는 국민에게 강제적으로 부과된 것인 만큼 국민에게는 자기의 영리심을 만족시키기 위하여 조세의 부담을 타인에게 돌리려는 본능적 심리가 발생한다. 광의의 조세전가라고 함은 조세부담을 면하거나 경감하고자 하는 여러 현상을 일컫는다. 이러한 광의의 조세전가에는 자기에게 유리하게 세법을 개정하거나 폐지함으로써 조세부담을 면하는 입법상의 포탈, 합법적 토대 위에서 세제의 결함을 이용하는 회피와 허위신고로 인한 불법적 탈세 등과 같은 행정상의 포탈이 포함된다.

그러나 일반적으로 경제학에서의 조세전가는 과세상·법률상의 책임부과로부터 가격조정과정을 통해 직접적 화폐부담이 최종적으로 정착하는 데까지 이르는 조세부담의 이전과정을 뜻하는 협의의 조세전가를 말한다. 협의의 조세전가의 형태는 재화의 유통과정에서 조세가 전가되는 방향과 조세전가의 횟수에 따라 전전, 후전, 갱전으로 구분된다.

전전(前轉)은 재화의 유통과정에서 전위자로부터 후위자에게 조세부담이 전가되는 현상이다. 일반적인 재화의 유통과정이 원료공급자, 생산자, 도매상, 소매상, 소비자 순으로 유통된다고 할 때, 재화의 유통과정에서 상대적으로 앞에 위치한 주체가 전위자이고 상대적으로 뒤에 위치한 주체가 후위자이다. 전전은 거래되는 재화나 용역의 가격상승이나 생산수량 등에 의하여 실현되는 것으로 경제적 전위자가 후위자에 비해 우위에 있을 때 일어난다. 예를 들면, 생산업자에게 부과된 조세가 그 판매과정을 통하여 판매업자에게 부담이 전가된다거나 판매업자가 소비자에게 부담을 전가시키는 경우가 전전에 해당된다.

후전(後轉)은 전전과는 반대로 재화의 이동과는 역방향으로 조세부담이 전가되는 현상으로서, 경제적 전위자가 후위자에 비해 약한 지위에 있을 때에 일어난다. 후전의 예로는 생산자에게 부과된 물품세가 인상되었을 때 재화의 생산자는 상품가격을 인상시켜서 조세부담을 전가하면 가격인상으로 인하여 상품수요가 감소할 우려가 있기 때문에 상품가격을 인상하는 대신 원료의 가격을 인하하여 조세부담의 일부 혹은 전부를 전가하는 경우를 들 수 있다.

갱전(更轉)은 조세전가현상이 2회 이상 계속하여 일어나는 경우를 말한다. 전전된 것이 또 전전된다든지 또는 후전된 것이 다시 후전되는 것과 같은 것이다. 예를 들면, 수입원료인 원모에 대한 관세가 인상되면 이에 대한 조세는 원모가격의 인상을 통해 수입업자로부터 모직업자에게 전가되며, 다시 모직가격의 인상을 통해 모직업자로부터 피복업자에게 전가되며, 또다시 양복가격의 인상을 통해 피복업자로부터 구매자에게로 전가되는 것이다. 만일 이러한 형태의 갱전이 계속적으로 일어나면 그 결과 누적적 가격상승의 현상이 생기게 된다.

조세전가의 방향이나 크기에 영향을 미치는 다양한 요인 중 대표적인 두 요인은 생산의 유리성과 탄력성 요인이다. 먼저 생산의 유리성은 산업의 수익성의 높고 낮음에 따라 조세전가의 가능성이 달라짐을 의미한다. 수익성이 낮은 산업일수록 그러한 산업 내에 포함되는 기업은 과세로 인하여 생산량을 감소시킬 가능성이 높아 가격상승을 통한 조세전가 확률이 매우 높다. 반면 정상이윤이상의 이익을 확보하고 있는 산업의 기업은 조세가 이윤에서 지급될 가능성이 있기 때문에 전가의 가능성이 낮고 전가된다고 하더라도 그 정도는 작다. 탄력성요인은 수요 또는 공급의 가격탄력성이 조세전가의 방향이나 크기에 영향을 미침을 의미한다. 가격탄력성은 가격의 변화에 따른 수요량 또는 공급량의 변화 정도를 의미한다. 생활필수품과 같이 수요의 가격탄력성이 작은 재화에 대한 과세는 가격이 상승해도 소비자가 소비를 줄이기 힘들기 때문에 가격을 충분히 상승시킬 수 있어 소비자에게 조세가 전가될 확률이 높고 전가의 정도도 크다. 반면 사치품과 같이 수요의 가격탄력성이 큰 재화는 가격이 상승하면 소비자가 소비를 줄이면 되어 가격을 상승시키기 어려워 소비자에게의 전가 가능성이 낮고 전가된다고 하더라도 그 정도가 작다.

13. 윗글의 내용과 일치하지 <u>않는</u> 것은?

① 납세의무자가 조세를 전가하는 것은 인간의 본능과 관련되어 있다.
② 수요의 가격탄력성이 작은 재화에 대한 과세에서는 전전이 일어날 확률이 높다.
③ 납세의무자가 타인에게 조세부담을 이전시키지 않는 유형의 조세전가가 존재한다.
④ 후전이 계속하여 2회 이상 일어나도 누적적 가격상승의 현상이 발생한다고 할 수 없다.
⑤ 판매업자가 소비자보다 열등한 지위에 있을 때 판매업자에게 부과된 과세의 경우 전전이나 갱전이 아닌 후전이 일어난다.

14. 윗글에서 추론한 것으로 가장 적절한 것은?

① 생산업자가 판매업자보다 우위에 있다면 생필품 생산업자에게 부과된 물품세는 갱전을 유발할 가능성이 높다.
② 법적 납세의무자가 다른 모든 주체에 비해 열등한 위치에 있다면 법적 납세의무자는 조세전가를 하기 쉽다.
③ 법적 납세의무를 최종 소비자에게 부담시킬 경우에도 모든 형태의 협의의 조세전가가 가능하다.
④ 판매업자에게 가격조정능력이 존재하지 않는다면 판매업자는 조세전가를 할 수 없다.
⑤ 생필품 판매업자에게 부과되는 물품세 인상은 후전을 유발할 가능성이 높다.

15. 윗글을 바탕으로 <보기>를 이해한 것으로 적절하지 않은 것은?

<보 기>

다음 그래프는 어떤 재화의 판매업자에게 단위당 물품세를 부과하였을 때의 상황을 나타낸 것이다.

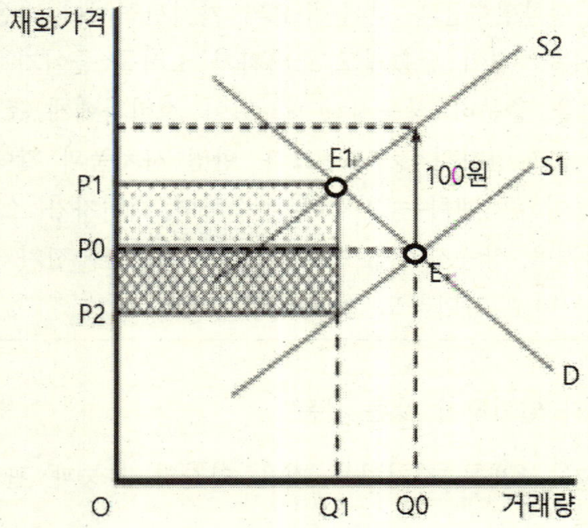

물품세 부과 전의 균형점은 E이고, 이 때 균형가격을 P0, 균형거래량은 Q0이다. 만일 정부가 단위당 물품세 100원을 부과하면 판매업자의 공급곡선이 100원만큼 상승한다(S1→S2). 이때 새로운 균형점은 E1이 되고, 이때 균형가격은 P1로 상승하고, 균형거래량은 Q1로 감소한다. 판매업자는 새로운 균형거래량 Q1×100(원)의 물품세를 납부할 의무가 있으나, 이를 온전히 자기가 부담하지 않고 가격조정을 통해 소비자에게 일부를 전가한다. 즉, 균형가격을 P0→P1로 상승시켜 그 가격상승분만큼(P1-P0)을 소비자에게 전가시킨다. 이 때 판매업자는 소비자로부터 단위당 P1의 가격을 받고 정부에게 100원의 물품세를 내야 하므로 실질적으로는 P1-100에 해당하는 P2의 가격을 받는 셈이 된다. 따라서 판매업자 역시 기존에 받던 P0보다는 덜 받게 되는 것이므로 그 가격하락분만큼(P0-P2)의 부담을 지게 된다. D는 수요곡선을 나타내는데 수요의 가격탄력성이 작을수록 그 기울기가 가파르게 되어 극단적으로 작은 경우 수직에 가깝게 되고, 가격탄력성이 클수록 그 기울기가 완만하게 되어 극단적으로 큰 경우 수평에 가깝게 된다. 수직일 경우 물품세 부과 시 판매업자는 가격을 물품세의 크기만큼 상승시킬 수 있고, 수평일 경우 판매업자는 가격을 전혀 상승시킬 수 없다.

※ 판매업자가 소비자에게 하는 조세전가 외의 다른 조세전가는 없다.

① 재화가 극단적인 사치품이라면 P1-P0은 0에 가까울 것이다.
② 재화가 극단적인 생필품이라면 P0-P2는 0에 가까울 것이다.
③ 재화가 극단적인 사치품이라면 판매업자가 Q1×100(원)에 근접한 금액을 부담한다.
④ 재화가 극단적인 생필품이라면 소비자가 Q1×100(원)에 근접한 금액을 실질적으로 부담한다.
⑤ 재화가 극단적인 사치품이나 생필품이 아니라면 전전은 일어나지 않고 소비자와 판매업자가 공동으로 물품세를 부담한다.

[16~18] 다음 글을 읽고 물음에 답하시오.

이효석의 소설이라고 하면 대중들은 「메밀꽃 필 무렵」에서 그려지듯 서정적이고 낭만적인 향토적 공간을 배경으로 할 것임을 어렵지 않게 예상할지도 모른다. 그러나 실제 이효석 소설의 주된 탐구 공간은 '도시'이다. 이효석은 식민지 시대 경성과 평양은 물론 두만강 접경지역을 넘어 해삼위*와 하얼빈까지 다양한 도시 군상을 그려내며 식민지 시대의 이념적 스펙트럼 하에서 근대 도시의 삶의 양태를 폭넓게 조명하였다.

1920년대 후반 ㉠ 경성을 배경으로 한 이효석의 소설에는 근대에 대한 비판적 인식이 드러난다. 이효석은 식민지 도시의 불균등 발전에 근거한 이중도시로서의 경성을 다루며 동반작가*의 시선으로 자본주의적 근대성의 모순을 계급적 모순의 차원에서 주목하였다. 특히 「도시와 유령」에서는 근대 자본주의 사회에서 관찰되는 노동의 모순적, 양가적 가치와 도시민의 빈곤, 가속화되는 도시 슬럼화 등 식민지 수도 경성이 안고 있는 여러 문제들이 종합적으로 드러난다.

동아시아의 도시인 ㉡ 해삼위와 ㉢ 하얼빈도 1920년대 이효석의 초기 동반작가 시절 작품부터 제2차 세계대전과 만주국 수립 이후를 다룬 작품에 이르기까지 빈번하게 등장한다. 동반작가 시기 해삼위는 마르크스 이념이 실현되는 유토피아로 설정되고, 하얼빈은 일본의 만주 침략과 제2차 세계대전의 황폐한 시대상을 나타내는 도시로 설정되어 각각 전후기 문학의 풍경을 대비적으로 대변한다.

이효석의 동반작가적 경향이 짙게 나타난 소위 북국 3부작 「노령근해」, 「상륙—어떤 이야기의 서장」, 「북국사신」은 1930년 발표된 작품으로 사회주의 이상 국가에 대한 동경과 지향이 담겨 있는데 이는 구체적인 경험의 결과라기보다는 이념의 렌즈에 의해 착색된 현실이라고 할 수 있다. 「노령근해」는 국제여객선을 배경으로 왜곡된 부의 불평등 구조에 대한 비판의식을 드러내며 화자가 꿈꾸는 '부자도 없고 가난한 사람도 없고 다 같이 살기 좋은 나라'에 간다는 내용이다. 「상륙—어떤 이야기의 서장」에서는 해삼위에 닿아 사회주의 이상 국가에 발을 딛게 된 환희의 감회를 서술하며 「북국사신」 또한 해삼위를 배경으로 사회주의 사회의 씩씩한 기상을 표사하고 사회주의 국가의 인민에 대한 동경의식을 표출한다.

그러나 이효석의 이러한 이념적 지향은 오래가지 않았다. 2년 후 1932년 「북국점경」에서는 이효석은 ㉣ 두만강 접경지역의 풍경을 통해 근대화에 대한 깊은 회의와 세계사적 격변기의 혼란과 불안을 형상화 하였다. 1940년 작품 「하얼빈」에서는 일본의 만주 침략과 제2차 세계대전의 대혼란 속에서 상실과 퇴락을 경험하는 이국의 도시 하얼빈을 멜랑콜리의 시선으로 바라본다. 서구문화에 대한 깊은 동경을 가지고 있던 이효석에게 하얼빈은 유럽적인 문화를 경험할 수 있는 공간이라는 의미를 갖고 있었다. 그러나 만주국 수립 이후 도시 지배의 주체가 일본으로 넘어가면서 도시의 풍광 속 서구적 가치가 훼손되고 상실됨에 따라 「하얼빈」의 화자는 애수를 느끼며 하얼빈은 시대적 좌절과 회의주의의 공간으로 나타난다.

이효석의 소설에는 식민지 근대 도시의 문화와 생활방식이 드러난다. 1912년부터 시작된 도시화의 흐름은 전통적인 농촌공동체의 삶에서 도시적 라이프 스타일로의 대전화를 야기하는데, 여기서 나타나는 도시적 일상성과 그 대척점으로서의 전원 및 휴양 문화의 발생까지도 볼 수 있는 것이 이효석의 소설이 갖는 도시 문학으로서의 가치일 것이다. 이효석이 ㉤ 평양 거주 시절 창작한 작품인 「향수」에서 주인공의 아내는 도시 생활에서의 피곤증을 정양(靜養)하기 위해 시골에 다녀온다. 이효석은 소설에서 평양의 도시화에 따른 소시민적 도회의 일상과 그 대타적 위치에 놓이게 되는 전원의 발생학적 기원을 탐색한다. 근대 사회에서의 전원은 도시에 대응하는 이상화된 자연의 공간이자 근원적 공간을 의미하는 상징적 기표로 나타난다.

이효석은 경성과 평양이라는 식민지 대도시의 생활과 반대항에 놓이는 시골이 어떻게 전원이라는 새로운 관념의 공간으로 전유되는지를 제시한다. 더불어 실용적 목적이 배제된 여가의 일환으로서 근대적 여행이 철도로 대표되는 교통기관의 발달과 근대적 소비문화의 형성으로 말미암아 어떻게 발생하는지를 포착한다. 1930년대의 도시적 삶 내부에는 이러한 근대적 관광의 개념이 형성되었다. 이효석의 소설에 등장하는 여행의 모티프는 이러한 근대적 관광의 개념에 닿아 있다.

* 해삼위 : 블라디보스토크
* 동반작가 : 공산주의 혁명운동에는 직접 참가하지 않으면서 혁명운동에 동조적인 입장을 취하는 문학경향을 가진 작가

16. 윗글의 내용과 일치하는 것은?

① 이효석이 동반작가 시기 해삼위를 배경으로 쓴 소설에서는 근대 이중도시에 대한 지향이 드러난다.
② 사회주의 이상 국가와 인민에 대한 이효석의 동경은 작품 「노령근해」에서부터 「하얼빈」에 이르기까지 드러난다.
③ 이효석은 근대 자본주의적인 삶의 모순을 고발하기 위하여 도시에서 전원으로의 여행을 모티프로 한 소설을 쓰기도 했다.
④ 이효석은 1920년대부터 1940년대까지 식민지 시대의 다양한 국내·외 도시 군상을 그리면서도 일관된 자신의 이념을 담았다.
⑤ 근대 도시화에 따라 도시의 대척점으로서 시골이 전원이라는 새로운 관념의 공간으로 제시되는 것은 이효석 소설의 도시문학으로서의 가치를 보여준다.

17. ㉠~㉤에 대한 설명으로 적절하지 않은 것은?

① ㉠은 식민지 수도로서 근대의 모순된 문제들을 안고 있다.
② ㉡은 실제 경험을 기반으로 한 이상적인 도시로 그려진다.
③ ㉢에서의 좌절은 ㉡에서의 이념의 지표가 무너졌음을 나타낸다.
④ ㉣은 이상과 다른 현실에 따른 이념적 지향의 혼란을 드러낸다.
⑤ ㉤은 근대적 소비문화, 여행, 관광 등 도시화에 따라 새로워진 일상을 보여주는 배경이 된다.

18. 윗글을 바탕으로 <보기>를 평가한 내용으로 적절하지 않은 것은?

<보 기>

이효석의 「도시와 유령(1928)」은 식민지 도시의 문제를 첨예하게 제시한다. 일정한 일터도 없는 뜨내기인 '나'는 매일 밤 일정한 거처도 없이 동대문 혹은 동묘 처마 밑에서 노숙을 한다. 어느 날 동료인 김 서방과 술 한 잔을 한 뒤 동묘 처마 밑으로 자러 오나, 이미 사람들이 차 있어 동묘 안으로 들어간다. 그러나 그곳에는 희미한 도깨비불과 산발한 여인이 있어 혼비백산을 하고 나온다. 다음날 '나'는 도깨비의 정체를 확인하러 동묘 안으로 몽둥이를 들고 들어가 내리치려고 하다가 그들이 도깨비가 아니고 헐벗은 거지 모자임을 발견하게 된다. 여인은 달포 전에 어느 불량배의 자동차에 치여 발목이 잘려 다리가 성치 않아 구걸도 못하고 그곳에서 연명하고 있다는 것이었다. '나'는 부끄러운 마음에 있는 돈을 모두 털어 주고 그곳을 빠져 나온다. '나'는 도시가 번창할수록 유령이 정비례하여 늘어나는 현상을 비판하며 독자에게 유령이 생기지 못하게 하는 방법을 묻는다.

① 여인이 어느 불량배의 자동차에 치여 다리를 잃은 상황은 식민지 경성의 이중도시적 면모를 드러낸다.
② 경성에서 노숙을 하며 살아가는 '나'를 주인공으로 내세운 것은 당시 빈곤한 근로자의 모습을 제시하기 위함이었다.
③ 식민지 도시가 문명화되고 있음에도 불구하고 전통적 가치가 훼손되어 혼란을 겪고 있는 모습에 작가는 좌절하고 있다.
④ '나'가 도깨비로 착각했던 거지 모자뿐만 아니라 거처 없이 뜨내기로 살아가는 '나' 또한 넓게 보면 유령이라고 볼 수 있다.
⑤ 도시의 번영에 따라 유령이 늘어나는 현상에 주목한 것은 자본주의의 모순에 대한 동반작가의 시선이 담겨있다고 볼 수 있다.

[19~21] 다음 글을 읽고 물음에 답하시오.

최근 미국정치의 화두가 된 부족주의란 동일한 조상이나 공통의 정체성을 바탕으로 정치적 권력 행사를 위한 집단화를 추구하는 이념을 말한다. 일반적으로 부족은 유사한 이념이나 가치, 또는 종교적 믿음에 의해 결속된 집단을 뜻한다. 이때 부족을 결속하는 토대는 집단 정체성이다. 이러한 정체성을 갖는 사람들은 집단을 방어하고 집단의 의견을 따르며 집단의 시선으로 모든 것을 보게 된다. 이들은 자기가 속한 집단을 피해자로 간주하고 쉽사리 위협을 느끼며, 위협을 인지하면 편협하고 가혹하게 대처하는 경향이 있다. 부족적 성향은 인간의 본능이므로 전 세계의 수많은 정치적 분쟁의 중요한 요소였고, 실제로 ㉠ 부족적 성향을 의도적으로 자극한 역사적 사례는 산적해 있다. 미국에서는 이러한 부족적 성향에 덜 주목하는 편이었다. 이는 미국이 이민 국가이긴 해도 그동안 구성원들이 '대집단'으로서 동일한 정체성을 가졌기 때문이다.

그러나 최근 미국도 여러 부족으로 나뉘고 있다. 하나의 부족이 지배적이면 그 부족은 좀 더 관대한 성향을 보이며 보편성을 추구한다. 오늘날 미국은 확실한 지배 집단이 없다. 모든 집단이 다른 집단에 두려움을 느끼고, 다른 집단과 경제 영역에서 맞붙는 것은 물론이고 국가 정체성을 정의할 권리를 두고 각축전을 벌인다. 이와 같이 부족주의가 부상하면 다른 집단을 '반대편'으로만 보고, 오로지 자신들의 관점만 합리적이라고 생각하며, 다른 집단의 관점을 알려고 하지 않는다. 이렇게 '우리 대 그들'의 구도가 성립하는 현상을 부족 효과라고 한다. 부족 효과는 '우리'의 정체성이 위협받을 때 더욱 강해진다. 그리고 부족 효과가 강해지면 집단 간의 사소한 차이도 큰 분쟁으로 발전하기 쉽다. 이는 민주주의의 건전성에도 심대한 위협이 되는데, 집단 간의 차이로 유발된 분노는 이슈를 이성적으로 토론하는 능력을 약화시키기 때문이다.

미국에서 부족주의는 공화당과 민주당이라는 양당 구도에서 강하게 나타난다. 국가 정책에 대한 정치 엘리트와 유권자의 선호는 정당 대결 구도에 의해 결정되는 경향을 보인다. 유권자들은 자신의 정치적 입장이나 선호를 바탕으로 지지 정당을 정하는 것이 아니라 자신이 지지하는 정당의 입장에 따라 정치적 입장과 선호를 바꾸는 형국이다. 특히 백인 유권자들이 공화당을 지지한다는 사실은 흑인에 대한 백인 유권자의 태도를 적대적으로 바꾸는 데에 가장 중요한 원인이 된다. 실제로 흑인에 대한 비호감이 백인 유권자들로 하여금 공화당을 지지하도록 만들지 않고, 거꾸로 이들이 공화당을 지지하기 때문에 흑인에 대한 비호감이 형성된다. 다른 한편으로 부족주의로 인해 민주당을 지지하는 백인 유권자는 공화당을 지지하는 유권자와는 전혀 다른 정치적 성향과 정책 선호를 보이게 된다.

이러한 양당 구도에서 정당 정체성은 미국의 여러 사회적 정체성을 묶는 효과가 있다. 이를 '사회적 배열'이라고 한다. 종교, 인종, 이념 등 다양한 사회적 정체성이 정당 정체성에 따라 하나의 패턴을 보이기 시작하는 것이다. 특정한 정당을 지지하면 대체로 특정한 종교를 믿고, 특정한 인종 집단에 속하며, 특정한 이념을 지지하는 식이다. 이처럼 정당 정체성과 다른 사회적 정체성의 중첩이 심화되면 정치적 메시지에 감정적으로 대응하는 경향도 강해진다. 사회적 배열이 강한 사람은 다른 정당 사람에게는 더 큰 분노를 표현하고 자기 정당 사람에게는 더욱 열광적인 지지를 보낸다. 사회적 배열 효과는 민주당 지지자보다는 공화당 지지자에게 더 강하게 나타나는데, 이는 민주당보다 공화당 내에 형성된 정체성이 훨씬 동질적임을 시사한다.

미국 내에서 부족주의에 대한 우려가 커지고 있지만, 이러한 우려가 과장되었다는 비판도 있다. 역사적으로 미국인의 사회적 정체성은 흔히 배타적이고 적대적이었으며, 오늘날보다 훨씬 폭력적으로 나타나곤 했으므로, 최근에 사태가 악화되었다고 볼 이유가 없다는 것이다. 실제로 부족주의는 자신이 지지 정당이 없는 무당층이라고 생각하는 사람들이 늘어나는 현상을 설명하기 힘들다. 여전히 절반에 가까운 미국 유권자가 무당층이라고 생각하므로, 정당 정체성과 정치적 부족에 따라 분열되는 현상의 심각성은 더욱 면밀한 검토가 필요하다.

19. 윗글에 대한 이해로 적절하지 않은 것은?

① 유사한 이념이나 가치, 또는 종교적 믿음 외의 요인도 부족주의를 강화하는 요인이 될 수 있다.

② 미국은 종래에는 부족주의가 약했으나 최근에는 확고한 지배 집단이 다른 집단과 경제적 다툼을 벌이고 있다.

③ '우리 대 그들'의 구도가 공고해질수록 건강한 민주적 의사결정이 어려워지며, 심각한 분쟁이 일어날 가능성도 커진다.

④ 공화당이 공식적으로 흑인 친화 정책을 펴면 공화당을 지지하는 백인 유권자의 흑인에 대한 호감도가 늘어날 수도 있다.

⑤ 최근 미국의 부족주의가 심각하다는 진단이 옳다면 스스로 무당층이라고 생각하는 미국인의 비중이 점차 낮아져야 할 것이다.

20. ㉠에 해당하는 사례를 <보기>에서 있는 대로 고른 것은?

<보 기>

ㄱ. 베네수엘라의 차베스는 흑인으로서의 정체성을 자랑스러워하면서 대다수 흑인 대중과 유사한 인종적 특성을 가졌음을 강조했다. 그리고 흑인 대중과 대비되는 소수의 백인 지배층에 적대감을 표현했다. 차베스에 공감한 흑인 대중은 차베스를 압도적인 표차로 대통령에 당선시켰다.

ㄴ. 이슬람 테러리즘은 무슬림 집단이 서구 세력에게 모욕과 박해를 받는다고 주장한다. 아프가니스탄의 오사마 빈 라덴은 이러한 주장을 공공연히 하면서 미국을 테러 조직 '알 카에다'의 주적으로 선포했다. 그 결과 오늘날 적잖은 무슬림들은 서구 세력으로 인해 빈곤해졌다고 믿는다.

ㄷ. 20세기 중반 베트남에서 화교는 수적으로는 소수였지만 상업과 기업 분야를 완전히 장악한 지배 세력이었다. 대부분이 농민인 베트남인은 화교들이 자신을 착취한다고 여기며 분노했다. 베트남 전쟁 당시 미군은 이를 모른 채 군수 물자와 서비스를 화교들에게 조달받으며 큰 수익을 안겨줬고, 이는 베트남인이 미국을 적대하게 되는 결과를 낳았다.

① ㄱ ② ㄷ ③ ㄱ, ㄴ
④ ㄴ, ㄷ ⑤ ㄱ, ㄴ, ㄷ

21. 윗글을 바탕으로 <보기>에 대해 이해한 것으로 적절하지 않은 것은?

<보 기>

갑: 심의민주주의가 중시하는 것은 합리적으로 형성된 판단이다. 어떤 판단이 합리적이라는 것은 세 가지 기준에 부합한다는 뜻이다. 첫째, 사실을 중시한다. 즉 무지하거나 교조적인 것과 반대된다. 둘째, 미래를 중시한다. 즉 근시안적인 것과 반대된다. 셋째, 타인을 중시한다. 즉 이기적인 것과 반대된다. 만일 정치적 판단에 결함이 발견된다면, 이런 기준 가운데 어느 하나를 충족하지 못했기 때문이다.

을: 심의민주주의가 가정하는 불편부당성 개념은 허구적이다. 심의민주주의의 불편부당성 개념이 정당하려면 토론에 참여한 사람들이 자신이 처한 특수성을 초월할 수 있다는 가정이 성립해야 하기 때문이다. 우리는 모두 어떤 상황에 놓인 존재이다. 자신이 처한 위치나 상황을 무시하는 것도, 비개인적인 견해 및 비감정적인 견해를 제시하는 것도 불가능하다.

① 부족주의에 휩쓸려 다른 집단의 관점을 알려고 하지 않는 사람은 갑이 말한 합리적 판단의 조건을 만족하는 판단을 내리기 어려울 것이다.

② 부족주의에 대한 우려를 표명하는 사람들은 부족주의가 결함이 있는 판단을 조장한다는 점을 뒷받침하기 위해 갑이 제시한 기준을 원용할 수 있을 것이다.

③ 부족주의 이론은 부족 효과가 강해지면 이성적 토론의 성공 가능성이 떨어진다고 보지만, 을은 심의민주주의의 가정 자체를 거부함으로써 그 가능성을 의심한다.

④ 자신이 처한 특수성을 초월할 수 없다는 을의 견해가 옳은 것으로 밝혀진다면, 집단 정체성은 특수한 현상이 아니라 모든 정치 집단에 불가피한 현상이 된다.

⑤ 을의 관점에서는 사회적 배열이 약한 사람이라고 해서 비감정적인 견해만 말할 수 있는 것도 아니고, 사회적 배열이 강한 사람이라고 해서 감정적인 견해만 말하는 것도 아니다.

[22~24] 다음 글을 읽고 물음에 답하시오.

<마담 퐁파두르의 초상>을 보았을 때 의식 속에 고혹적인 미소를 띤 퐁파두르 부인의 심상이 떠올랐다면 그것은 표상이다. 동시에 아름답다는 느낌을 받는다면 이는 주관적 내면성인 감정이다. 예술작품을 통한 표상과 감정은 동전의 양면처럼 분리될 수 없는 대상적 측면과 주관적 측면이다. 예술의 분석에 있어서 주로 사용된 작가의 관점, 작품의 관점, 수용자의 관점 중 '기존의 수용자 관점'은 수용자가 예술작품을 통해 외적 대상을 '감지'하고 주관적으로 '감응'한다고 보며, 이를 억견(doxa)이라 부른다. 다시 말해 예술은 억견을 생산한다. 이 관점에서 중요한 것은 작품으로 인한 표상이 외적 대상을 거의 그대로 재현한다는 점이다. 그것이 외적 모습이건 대상에 대한 관념이건 상관없다. 표상 자체는 별다른 의미 없이 그저 외적 대상의 반영이다. 퐁파두르 부인의 초상화가 수십 점 있다 하여도 그림들의 표상은 퐁파두르 부인일 따름이다. 그림 속 퐁파두르 부인은 같은 이야기를 반복하고, 화가들은 단지 이를 풀어내는 이야기꾼에 불과하다. 물론 화가가 대상의 표상을 어느 정도 유도할 수는 있지만 그 또한 대상이라는 것은 변함이 없다. 이런 관점 하의 예술은 자연스레 인간의 상식과 경험의 울타리 안에서 존재한다.

예술이 감정을 잉태하는 표상이나 표상을 잉태하는 감정을 생산한다는 인식은 기존의 관점과는 다른 시각의 '네 번째 관점'이 제시되고서부터이다. 그것은 인간의 굴레 밖에서 성립하는 관점이자 예술작품 속에서 자라나는 관점이다. 이 안에서 표상과 감정이 서로를 상승적으로 자극하고 유인하면서 독자적으로 진화하는 어떤 역동적인 통일체가 바로 예술이 생산하는 '감각'이다. 작품은 그로 인해 생명력을 지닌다. '네 번째 관점'을 역설하는 학자들은 감각을 구성하는 대상적 측면을 '지각'이라 하고 주관적 측면인 감정을 '정서'라 부른다.

베이컨의 <세 초상화>는 이런 의미의 감각을 고스란히 보여준다. 누구의 얼굴을 그린 것인지 짐작하기 힘들 정도로 일그러지고 뒤틀려진 왜곡된 얼굴로부터 떠오르는 조지 다이어라는 대상에 대한 감상자의 표상은 이미 일관성을 상실하고 있다. 작품을 통해 불러 일으켜지기도 하고 동시에 표상과 함께 파생되는 감정들 역시 작품과 일대일의 감응일 수 없다. 한 수용자 마음 속 처음의 심상은 특정 감정을 자극해 이내 또 다른 심상을 만들어낸다. 혹은 어떤 수용자 집단 사이에 예술작품에 대해 공유된 감정이 새로운 표상을 구성하기도 한다. 이 모든 것이 예술이 생산하는 '감각'이다. 여기서 조지 다이어는 더 이상 중요하지 않다. 그저 외부대상으로 지각될 뿐이다. 심지어 화가가 의도하는 표상이 고스란히 반영되지 않을 수도 있다. 작품은 그 자체로 생명을 얻고 수용자의 감정은 인간을 벗어나 독립적인 정서가 된다. 이것은 감각이 억견과는 반대로 선험적인 사태인 것과 같다.

'네 번째 관점'과 관련하여 주목해야 할 점은 예술이 생산하는 감각은 독자적으로 진화하는 통일체라는 점이다. 라파엘로가 그린 ㉠ <아테네 학당>에는 화가 본인의 모습과 라파엘로와 동시대에 활약했던 소도마라는 화가의 모습도 등장한다. 그러나 기원전 582년에 태어난 피타고라스가 등장하는가 하면, 기원전 185년의 천문학자인 프톨레마이오스도 등장한다. 즉, 이 그림에는 한 시대에 존재하지 않았던 철학자들이 한 화면에 함께 등장한다. 그렇지만 <아테네 학당>을 통해 감상자가 라파엘로나 피타고라스를 지각한 채 서로 다른 표상을 만들어낸다고 할 수 있을까? 이 그림의 등장인물 하나, 하나는 기존의 통념을 지극히 대변하고 있다. 말하자면, 기존의 통념으로 주어진 것 위에서 다시 재현하는 이런 예술은 감각을 창조한 것이 아니다.

감각이란 우리에게 주어지는 방식이 아니라 우리가 존재하는 방식이다. 즉, 우리가 경험하는 것이 아니라 우리의 경험 이전에 있는 것이다. 예술은 그를 통한 외부대상의 현실화나 재현이 아니라 그 자체로 생명을 구현하는 것이다. 때문에 상식과 경험의 울타리를 벗어나 있으려고 한다. 그러나 예술은 상식적 경험에서 출발할 수밖에 없다. 인간적이고 범상한 감성의 세계가 예술의 초보적 조건이다. 하지만 궁극적으로 예술은 상식적 경험에서 출발하여 상식적 경험을 초과하는 지점에 도달해야 한다. 인간적인 것에 의존해서 비인간적인 것, 인간 독립적인 것을 생산해야 한다. 창조적인 예술에 있어 그 창조성은 억견을 소재로 감각을 산출하는 데 있다. 나아가 예술의 목표는 예술 자체에 있지 않고 예술을 통해 우리를 새롭게 만드는 것이다.

22. 윗글의 내용과 부합하지 않는 것은?

① '기존의 수용자 관점'에서 예술이 생산하는 억견은 후험적이다.
② '네 번째 관점' 하에서는 일반적인 관념으로부터 벗어난 모호한 작품도 예술일 수 있다.
③ '네 번째 관점' 하에서 퐁파두르 부인의 초상들은 하나하나가 모두 살아있는 예술로 해석될 수 있다.
④ '네 번째 관점'은 베이컨이 조지 다이어의 미소를 그리고자 했다면 감상자는 그림으로부터 괴기함을 느낄 수 없었을 것이라고 본다.
⑤ '기존의 수용자 관점'과 '네 번째 관점'은 예술의 생산체가 대상적 측면과 주관적 측면을 모두 지닌다는 것을 부정하지 않는다.

23. ㉠에 대한 설명으로 가장 적절한 것은?

① ㉠은 감각을 창조한 것이 아니라 화면 내에서 재배치한 것이다.
② ㉠의 예술적 성질은 <세 초상화>보다 <마담 퐁파두르의 초상>에 더 가깝다.
③ 감상자들은 ㉠을 통해 많은 철학자들을 지각하고 그로부터 일정한 정서를 느낀다.
④ ㉠은 대상의 외향을 그대로 현실화하지 못했으므로 완벽한 재현체계를 갖추지 못했다고 할 수 있다.
⑤ ㉠을 통해 각 시대의 철학자로 대표되는 표상들이 서로를 자극하면서 그와 독자적으로 새로운 표상을 만들어낸다.

24. <보기>에 대한 평가로 가장 적절하지 않은 것은?

<보 기>

(가) <수프캔>, 캔버스에 다른 종류의 통조림 수프캔이 서로 형태가 뒤엉킨 채로 그려져 있다.
(나) <소년>, 사람의 피부와 표정을 완벽하게 실제와 같이 재현한 조각품으로 건물을 가득 채울 만큼 거대한 크기이다.
(다) <비너스의 탄생>, 일반적으로 널리 알려진 신화의 내용대로 바다의 거품에서 태어난 미의 여신 비너스가 아름다운 여성의 모습으로 서 있다.

① (가)의 화가가 의도한 표상과 그를 감상하는 자의 표상은 일치하지 않을 수 있다.
② '소년'에 의존해서 출발했으나 그 크기로 인해 상식을 뛰어넘는 지점에 도달했다는 관점에서 (나)는 예술의 목표를 달성했다.
③ (나)의 표상은 그저 외적 대상인 '소년'의 반영에 불과하다는 관점의 수용자는 (나)에 감응할 뿐 그로부터 어떤 정서를 이끌어내지 못한다.
④ (다)는 '네 번째 관점'에 따르면 창조적인 예술작품이 아니다.
⑤ (다)는 실재하지 않는 등장인물을 그렸다는 점에서 선험적이며 인간 독립적이다.

[25~27] 다음 글을 읽고 물음에 답하시오.

빛은 파동의 성질과 입자의 성질을 모두 가지고 있는데, 빛을 파동의 성질로 볼 때는 파장이 짧은 전자기파, 입자의 성질로 볼 때는 광자라고 한다. 빛이란 적외선, 가시광선, 자외선 영역의 파장을 가진 전자기파를 말하고, 마이크로파나 라디오파 등은 모두 빛보다 파장이 긴 전자기파이다. 전자기파의 진동수는 파장과 반비례하고 전자기파가 가지는 에너지는 파장과 진폭에 의해서만 결정된다. 전자기파는 여러 장치에 사용되고 있는데 그중에 레이더는 10cm~100cm의 파장을 가진 마이크로파를 물체에 주사하고, 반사되는 마이크로파를 수신하여 물체와의 거리, 방향, 고도 등을 알아내는 장치이다. 레이더에 사용되는 마이크로파의 진폭이 커질수록 수신되는 정보가 더 정확해지기 때문에 레이더 장치에서는 메이저(MASER)로 마이크로파의 진폭을 증폭시킨다. 메이저란 유도방출 현상을 통해서 마이크로파를 증폭시키는 기계로서 그 원리는 다음과 같다.

원자의 중심에는 원자핵이 있고 그 주위에 전자가 돌고 있다. 원자의 에너지 준위는 전자가 최소의 에너지 값을 가지는 정상궤도를 돌고 있을 때를 바닥 상태(E_1), 외부에서 에너지를 얻어 정상궤도보다 높은 궤도에 있을 때를 들뜬 상태(E_2)에 있다고 한다. 들뜬 상태에 있는 원자는 불안정하여 시간이 지나면 바닥 상태로 되돌아가면서 광자를 방출하는데 이 광자가 가지는 에너지인 PE는 "E_2-E_1"이 된다. PE는 방출되는 광자 즉 전자기장의 파장을 결정하기 때문에 PE가 커질수록 파장은 짧아지며 PE가 동일한 전자기파는 파장이 동일하다. 이때 방출하는 빛은 백열등이나 태양빛과 같이 파장과 방향이 일정하지 않은데 이러한 방출을 자연방출이라고 한다. 즉 자연방출을 통해 방출되는 빛은 원자들이 다양한 에너지 준위를 이동하면서 방출하기 때문에 다양한 파장의 빛으로 구성될 수밖에 없다.

바닥 상태(E_1)에 있는 원자가 펌핑(pumping)에 의해 에너지를 흡수하면 들뜬 상태(E_4)가 된다. 하지만 E_4에서 머무는 시간은 매우 짧아서 곧바로 준안정상태(E_3)로 떨어진다. 준안정상태에서는 상대적으로 머무는 시간이 긴데, 여기에 많은 원자나 분자들이 모여서 밀도반전 상태가 된다. 밀도반전 상태란 자연 상태와는 달리 E_3과 E_4와 같은 높은 에너지 준위에 있는 원자의 수가 E_1과 E_2와 같은 낮은 에너지 준위에 있는 원자의 수보다 많은 상태를 말한다. 이와 같은 상태에서 원자 중 한 개를 자극하여 광자를 방출시키도록 하면 그 순간 해당 원자에서 방출된 광자가 주변의 다른 들뜬 원자 하나를 자극하여 E_3에서 E_2로 떨어지면서 광자를 방출하여 총 두 개의 광자가 방출된다. 이 두 개의 광자는 다른 두 원자를 자극하여 총 4개의 광자가 되고, 이러한 연쇄반응을 통해 파장이 같은 증폭된 광자 즉 마이크로파를 대량으로 방출하게 되는데 이처럼 원자가 펌핑에 의해 들뜬 상태가 된 후 광자를 방출하면서 바닥 상태로 떨어지는 과정을 유도방출이라고 한다. 즉 E_3에 있는 원자들이 연쇄반응을 통해 광자를 방출한 후에 E_2로 이동하는 과정에서 유도방출이 일어난다. 유도방출과정에서 광자를 방출하는 원자를 자극하는 광자와 그 원자가 방출하는 광자는 파장이 동일하다. 그리고 E_2에 있던 원자는 곧바로 E_1로 떨어진다.

레이저(LASER)는 메이저와 동일하게 유도방출 현상을 통해 전자기파를 방출하지만 마이크로파가 아닌 동일한 파장의 빛을 방출한다. 레이저의 경우 유도방출에서 나오는 빛을 레이저발진 장치를 통해 더욱 강한 빛으로 만든다. 레이저발진 장치의 가운데에는 레이저봉이 있고 양쪽에 반사거울이 있다. 그리고 이 거울 중 한 쪽은 거의 100%의 레이저 빛을 반사하는 거울이고, 다른 한 쪽은 일부분의 빛이 투과할 수 있는 부분거울이다. 위상과 파장이 같은 레이저봉에서 나온 빛이 양쪽 거울에 반사되어 무수히 왕복하면 이 과정에서 차례로 유도방출이 생겨서 빛이 증폭되거나 레이저발진 장치에 의해 투과와 산란이 발생하여 손실되기도 한다. 레이저의 증폭이 투과와 산란에 의한 손실보다 크면 레이저의 강도는 점점 증폭되어 부분거울을 통과하여 나오게 된다.

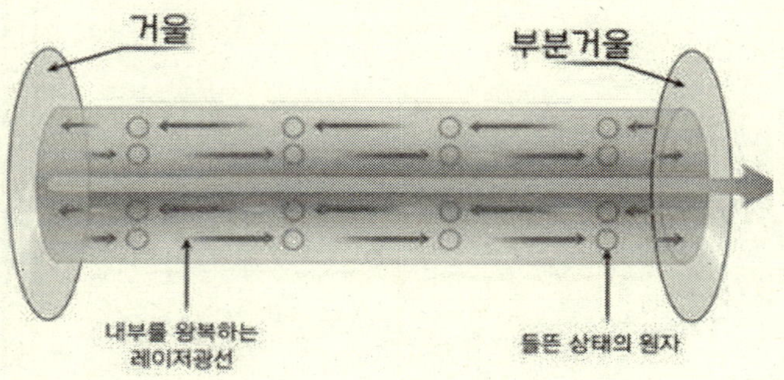

레이저광선은 단일파장의 빛을 내기 때문에 원하는 특정한 물체에만 반응을 하게 할 수 있다. 예를 들어 암세포에만 작용하는 화학물질을 투여한 후 특정 파장의 레이저광선만 쪼이면 그 화학물질이 붙어 있는 암세포만 선택적으로 죽일 수 있다. 또한 파장이 일정하지 않은 빛은 직진성이 낮고 이와 같은 빛은 광원으로부터 멀어질수록 빛의 세기가 줄어드는데, 레이저광선은 직진성이 매우 좋기 때문에 가는 빛으로도 아주 먼 거리를 평행하게 나아갈 수 있다.

25. 윗글의 내용과 일치하지 <u>않는</u> 것은?

① 백열등에서 방출되는 빛은 레이저에서 방출되는 빛보다 직진성이 낮다.
② 레이저 발진장치에서 산란되는 에너지가 적을수록 레이저광선을 증폭하는데 유리하다.
③ 레이더에서 사용되는 마이크로파의 진폭이 커질수록 물체를 더 정확하게 식별할 수 있다.
④ 자연 상태에서는 높은 에너지 준위에 있는 원자가 낮은 에너지 준위에 있는 원자보다 많다.
⑤ 메이저에서 방출되는 전자기파의 파장 길이는 최초로 원자를 자극하는 전자기파의 파장에 의해서 결정된다.

26. 윗글을 바탕으로 추론한 것으로 타당한 것을 <보기>에서 고른 것은?

<보 기>

ㄱ. 마이크로파는 가시광선보다 진동수가 적다.
ㄴ. 준안정상태에 있는 원자가 많을수록 방출되는 광자의 개수도 증가한다.
ㄷ. 레이저에서 E_3과 E_2의 에너지 차이가 클수록 방출되는 빛이 가진 파장은 짧아진다.

① ㄱ ② ㄷ ③ ㄱ, ㄴ
④ ㄴ, ㄷ ⑤ ㄱ, ㄴ, ㄷ

27. 윗글에서 알 수 있는 사실로 적절한 것은?

① 원자가 바닥 상태에 있을 때 전자는 에너지를 가지지 않는다.
② 메이저와 레이저는 원자로부터 방출되는 광자가 가지는 파장에 따라 구분된다.
③ 유도방출과정에서 펌핑으로 인해 원자가 얻게 되는 에너지는 방출되는 광자가 가지는 에너지보다 작다.
④ 원자들이 E_4에 머무르는 시간이 길어질수록 밀도반전 상태를 유지하는 시간이 감소한다.
⑤ 원자들이 가질 수 있는 에너지 준위의 다양성은 유도방출과정보다 자연방출과정에서 더 적다.

[28～30] 다음 글을 읽고 물음에 답하시오.

밀이 자유 제한 원칙으로 명시하는 것은 해악 원칙뿐이다. 해악 원칙에 의하면, 타인에게 해악을 주는 행위를 하고자 한다면, 그러한 행위는 비난의 대상이 된다. 그러나 밀에게 해악 원칙만이 자유 제한 원칙이라고 보기는 어렵다. 밀은 공리의 원칙을 또 다른 자유 제한 원칙으로 수용하는 것으로 보이기 때문이다. 즉 효용을 극대화할 수 있는 경우에는 자유 제한이 정당화될 수 있다. 물론 어떤 경우에 자유를 제한할 수 있는지에 대해서는 공리주의적 계산에 의존하므로 논란의 여지가 있을 것이다. 그러나 밀은 효용이 모든 윤리적 문제의 궁극적인 기준이라고 주장한 후, 공리의 원칙에 따라 의무가 되는 행위를 사례로 제시한다. 법정에서의 증언, 자기가 속한 사회의 이익을 위해 필요한 공동의 방위나 공동의 작업에서 일부를 담당하는 일, 이웃을 위험에서 구하고 자기 방어 능력이 없는 사람을 악용하지 못하게 하는 일, 그리고 자선을 베푸는 일이 그것이다. 이는 인간 본연의 책무에 따라 해야 할 일이 아니라 공리주의적 계산에 따라 해야 할 일에 해당한다. 나아가 불쾌감 원칙도 자유 제한 원칙에 속한다. 불쾌감을 주는 행위가 공개적으로 행해진다면 미풍양속을 해치고 말 것이다. 예를 들어 거리를 나체로 활보하는 행위가 여기에 해당한다.

쟁점이 되는 것은 밀이 후견주의 원칙을 자유 제한 원칙으로 수용하는지이다. 후견주의는 강한 후견주의와 약한 후견주의로 나뉜다. 강한 후견주의란 행위자의 자발적 의사에 따라 결정이 내려지거나 그 결정 과정에 아무런 하자도 없다고 하더라도, 그 행위자에게 해악을 주는 행위를 방지하기 위해 개입이 정당화된다는 입장이다. 약한 후견주의란 행위자 자신에게 해악을 주는 행위를 하는 결정 과정에 하자가 있는 경우에 개입이 정당화된다는 입장이다. 어떤 경우에 의사 결정 과정에 하자가 있다고 할 수 있을까? 첫째, 행위자에게 관련 지식이 없는 경우이다. 이는 자신의 행위가 가져올 해로운 결과를 인식하지 못했고, 만약 이 결과를 알았더라면 그 행위를 하지 않았을 것으로 예상되는 경우이다. 가령 의사가 부작용이 있는 약을 처방한다면, 의사는 환자에게 설명할 의무를 진다. 둘째, 행위자가 통제력이 없는 경우이다. 이는 행위자가 행위의 결과를 알고는 있지만, 일시적인 정서적 불균형으로 인해 그 결과를 충분히 고려하지 못하는 경우이다. 예컨대 중독성 강한 약물을 복용한 후 중독성으로 인해 그 약물을 계속 복용하는 사례가 있다. 셋째, 행위자에게 부당한 영향력이 행사되는 경우이다. 이는 경제적 유인, 관습, 전통이 압력을 가하는 경우이다. 약한 후견주의는 이러한 경우에 신중한 선택을 할 수 있는 절차를 제한하도록 규제하라고 요구한다.

밀은 후견주의와 관련하여 크게 세 가지 사례를 검토한다. 첫째, 모르몬교는 일부다처제를 용인하는데, 개인적으로는 분개할 만한 일이나 후견주의적 개입이 허용되는 사례가 아니다. 모르몬교도인 여성이 자발적으로 후처가 되고자 했고, 모르몬교의 삶의 방식이 싫다면 언제든지 떠날 자유를 허용하고 있기 때문이다. 둘째, 위험한 다리를 건너려는 사람에게 경고하고, 이 사람의 진의를 확인하기 위해 붙잡고 돌려세우는 것이 가능하다. 이는 행위자의 의사 결정 과정에 확인차 개입하는 경우로 약한 후견주의에 해당한다. 셋째, 모든 자발적 노예 계약은 무조건 무효이다. 가령 노예 계약을 맺으면 막대한 금액을 지급한다는 조건에서 노예 계약을 맺더라도, 이는 모두 무효이다. 이는 강한 후견주의의 사례이다.

후견주의 외에 법적 도덕주의도 문제가 된다. ⓐ 브링크는 밀이 특정 부류의 행위에 대해서는 후견주의적 간섭을 허용하며, 미풍양속을 해치거나 타인에게 불쾌감을 주는 행위에 대한 규제도 인정하고 있다고 본다. 그리고 제한된 범위 내에서 밀이 법적 도덕주의를 수용하고 있다고 주장한다. 여기서 법적 도덕주의란 부도덕한 행위는 해악을 유발하지 않더라도 반드시 법적으로 규제되어야 한다는 입장이다. 가령 브링크는 음란물 제작은 해악을 유발하는지와 별개로 도덕에 반하지 않으므로 법적 도덕주의의 적절한 사례가 아니라고 본다. 더 적절한 사례는 미성년자가 허락을 받지 않고 부모의 차를 운전하는 행위이다. 이러한 유형의 행위를 '해악 없는 비행'이라고 한다. 해악 없는 비행에 대한 태도를 기준으로 법적 도덕주의는 두 유형으로 분화된다. 강한 도덕주의는 해악 없는 비행을 규제할 종국적인 이유가 있다고 보므로, 그러한 행위는 곧바로 금지되기에 충분하다고 본다. 약한 도덕주의는 해악 없는 비행을 규제할 잠정적 이유가 있다고 보므로, 다른 모든 것을 감안할 때도 규제할 이유가 있다면 이를 규제해야 한다고 본다. 브링크는 밀이 강한 도덕주의를 거부한 것은 확실하나, 약한 도덕주의는 수용하리라고 분석한다.

28. 윗글에 대한 이해로 적절하지 않은 것은?

① 공리의 원칙과 불쾌감 원칙은 밀이 암묵적으로 채택하는 자유 제한 원칙이다.
② 특정한 형태의 자유 제한이 얼마만큼의 효용을 산출할지는 특별한 논쟁의 소지가 적다.
③ 위험에 처한 이웃을 구하는 행위는 공리주의적 계산에서 보면 효용을 극대화하는 행위이다.
④ 행위자의 의사 결정 과정에 하자가 없다면 약한 후견주의적 개입은 결코 정당화될 수 없다.
⑤ 약한 후견주의를 따르면 알코올 중독 환자의 알코올 복용을 막기 위해 개입하는 것은 정당화된다.

29. ⓐ의 입장에 대한 이해로 적절하지 않은 것은?

① 밀은 흡연이 '해악 없는 비행'이라면 법적으로 규제할 수 있다고 볼 것이다.
② 밀은 해악을 유발하지 않더라도 미풍양속을 해하는 행위라면 법적으로 규제될 수 있다고 볼 것이다.
③ 강한 도덕주의를 받아들이면 미성년자가 허락을 받지 않고 부모의 차를 운전하는 것은 금지되어야 한다.
④ 자유 제한 원칙으로서 법적 도덕주의에 호소하는 것과 후견주의에 호소하는 것은 상이한 유형의 정당화에 해당한다.
⑤ 밀은 어떤 행위가 해악 없는 비행이라는 점이 입증된다면, 이는 이 행위를 법적으로 규제할 종국적 이유가 된다고 볼 것이다.

30. 윗글을 바탕으로 <보기>에 대해 추론한 것으로 가장 적절한 것은?

<보 기>

○ 갑은 심사숙고 끝에 현재 소득의 10배를 준다는 조건으로 을의 노예가 되기로 계약하였다.
○ 병은 X종교 공동체에서 태어났는데, X종교 공동체는 일부다처제만이 허용되고, 구성원이 공동체를 떠나는 것을 금지한다.
○ 정은 위험한 건물에 무심코 들어가려는 행인에게 위험하다고 경고하며 이 행인을 붙잡아 세웠다.

① 갑과 을의 계약은 강한 후견주의로는 정당화될 수 없어도, 약한 후견주의로는 정당화될 수 있다.
② 정이 행인에게 관련 지식이 없다는 이유로 개입했으므로, 약한 후견주의의 개입으로서 정당화될 수 있다.
③ 밀이 보기에 갑이 을과 계약을 하기로 한 결정은 비록 자발적이라 하더라도 하자 있는 의사 결정에 해당한다.
④ 병이 X종교 공동체에서 후처가 되는 것은 개인적인 분노를 불러일으킬 수는 있으나 약한 후견주의의 개입 대상은 아니다.
⑤ 정이 행인에게 경고하는 것을 넘어 건물에 들어가지 않도록 행인을 붙잡아 세운 것은 강한 후견주의에 따르면 정당화될 수 없다.

* 확인 사항

○ 문제지와 답안지의 해당란에 필요한 내용을 정확하게 표기했는지 확인하십시오.

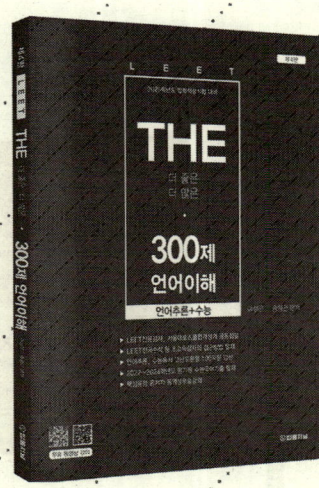

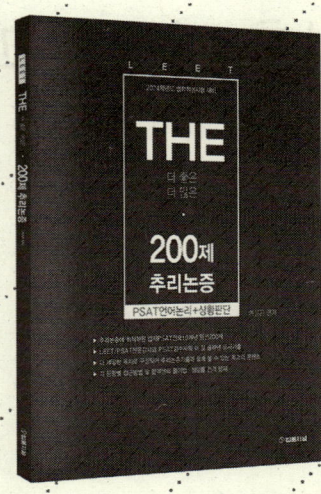

제2교시

2025학년도 법학적성시험 대비 GOAT-LEET 모의고사(제2회)

추 리 논 증

성 명	

수험 번호							

《수험생 유의사항》

○ 이 문제지는 40문항으로 구성되어 있습니다.
○ **시험 시간은 10:45 ~ 12:50(125분)입니다.**
○ 문제지에 성명과 수험 번호를 정확하게 기재하십시오.
○ 답안지는 반드시 컴퓨터용 사인펜을 사용하여 답을 표기하여야 합니다.
○ 교시란은 해당 교시를 정확하게 표기해야 합니다.

《정답공개 및 이의제기 안내》

1. 정답·해설지 배부 및 최종정답 공개
  ○ 21일 2교시 종료 후 1·2교시 정답 및 해설지 배부
  ○ 최종정답: 4월 24일(수) 네이버 법률저널 공식 LEET 카페에 공지
2. 이의제기 안내
  ○ 본 시험 종료 후 네이버 법률저널 공식 LEET 카페(cafe.naver.com/lecleet)에서 '이의제기 신청 게시판'에 양식에 맞춰 제출해 주세요.
  ○ 이의제기 기간: 4월 22일(월) 오후 5시까지
3. 성적확인 안내
  ○ 각 영역별 성적통계는 4월 25일(목) 오후 5시 네이버 법률저널 공식 LEET 카페에 공지
  ○ 개인 성적은 4월 25일(목) 오후 5시 이후 법률저널 홈페이지〉모의고사 신청 배너 클릭〉 성적확인 클릭
4. LEET 모의고사 일정
  ○ 제3회 : 2024.5.5. / 제4회 : 2024.5.12. / 제5회 : 2024.5.19. / 제6회 : 2024.6.2. / 제7회 : 2024.6.16. / 제8회 : 2024.6.30. / 제9회 : 2024.7.7. / 제10회 : 2024.7.14.
5. **매회 격려장학금 지급 / 제6회부터 장학생 선발**

법률저널

제 2 교시

추리논증

성명 | 수험 번호 - | 제2회

○ 이 문제지는 **40문항**으로 구성되어 있습니다. 문항 수를 확인하십시오.

○ 문제지의 해당란에 성명과 수험 번호를 정확히 쓰십시오.

○ 답안지에 수험 번호, 문형, 성명, 답을 표기할 때에는 반드시 '수험생이 지켜야 할 일'에 따라 표기하십시오.

○ 답안지의 필적확인란에 해당 문구를 정자로 기재하십시오.

1. 다음으로부터 추론한 것으로 옳은 것만을 <보기>에서 있는 대로 고른 것은?(단, 도박이나 인신매매는 불법이다.)

채무자가 자신의 채무를 채권자에게 이행하지 않을 경우, 채권자는 강제력을 동원할 수 있다. 즉 채권자는 채무자에게 채무를 이행할 것을 청구할 수 있고, 그 청구가 있은 후에도 채무를 이행하지 않으면 채무의 이행을 청구하는 소송을 제기해 그 청구가 인정되는 경우 강제집행을 할 수 있다. 이때 채무를 이행하라는 소송을 제기할 수 있는 권리를 소구력이라고 하고, 그 소송의 판결에 따라 강제집행을 할 수 있는 권리를 집행력이라고 한다. 이때 채권자는 이와 같이 채무의 이행을 청구하는 소송을 제기하여 그 채무를 이행하라는 판결을 받은 경우에만 강제집행을 할 수 있다. 그런데 채권 중에는 소구력과 집행력이 전부 없는 채권이 있고, 또 집행력만 없는 채권이 있다. 전자를 자연채무, 후자를 책임 없는 채무라고 하며 양자를 포괄하여 불완전채무라고 한다. 불완전채무는 채무의 일종이므로 채권자는 그에 관한 급부를 청구할 수 있고, 채무자가 임의로 이행을 하면 그것은 유효한 변제가 된다. 한편 채권자와 채무자는 채무를 이행하지 않더라도 소송으로 그 이행을 강제하지 않기로 하는 부제소의 합의를 할 수 있는데 이와 같은 부제소의 합의가 있는 경우 소송을 제기하더라도 언제나 해당 합의의 내용대로 판결이 나온다. 또한 불법의 원인으로 인하여 재산을 급여한 경우 재산을 급여한 자는 그 재산의 반환을 청구하지 못한다. 이때 급여를 받은 사람은 급여를 한 자에게 그 급여를 반환할 의무를 지지 않는다.

<보 기>

ㄱ. 채무 A에 대한 소구력이 없는 경우 A를 이행 받을 권리를 가진 채권자는 A에 대한 강제집행을 할 수 없다.

ㄴ. 채무자 갑과 채권자 을이 채무 B에 대해 부제소의 합의를 한 경우 B는 책임 없는 채무에 해당한다.

ㄷ. 병과 정이 도박을 하는 과정에서 병이 정에게 도박에 의해 자신의 재산 C를 정에게 준 경우 C는 정이 병에게 지는 자연채무가 된다.

① ㄱ ② ㄷ ③ ㄱ, ㄴ
④ ㄴ, ㄷ ⑤ ㄱ, ㄴ, ㄷ

2. <견해>에 대한 분석으로 옳은 것만을 <보기>에서 있는 대로 고른 것은?

<사례>

K국에서는 질서유지법 A조항에 따라 주거지역에서 야간에 소음을 발생시키는 모임을 하려면 그 모임이 건물 안에서 진행되어야 하지만, 주간에 하거나 소음을 발생시키지 않는 모임은 장소의 제약을 받지 않는다. K국에서는 모든 법률이 헌법에 부합해야만 그 효력이 있는데 K국 헌법의 B조항에는 "모든 국민은 자유로운 모임을 가질 권리가 있다."고 명시되어 있다. A조항이 B조항에 위배되는지에 대해 다음의 견해가 있다.

<견해>

갑: 모든 법조항은 문언 그대로 해석해야 한다. 그러므로 주간이라는 시간과 건물 내부라는 장소의 제약을 규정한 A조항은 모든 국민이 자유로운 모임을 가질 권리를 가진다는 B조항에 위배된다.

을: 자유로운 모임을 가질 권리는 국민의 기본권에 포함되지만 기본권을 보장하기 위해 또 다른 기본권을 침해하는 것이 언제나 정당화되는 것은 아니다. 즉 헌법적 기본 원리에 의해 다른 기본권을 지키기 위해서 기본권은 일정한 제한이 가해질 수도 있다. 이에 따라 주거지역에 거주하는 주민들이 소음으로부터 보호되기 위한 기본권을 위해 모임을 제한해야 하므로 A조항은 B조항에 위배되지 않는다.

병: 어떤 기본권의 보장이 다른 기본권을 침해한다는 이유로 그 기본권을 제한할 수는 있지만 그 제한은 형평성을 갖추어야 한다. 예를 들어 어떤 행위 X와 Y가 기본권 Z를 침해하는 경우 X가 Z를 침해하는 정도가 Y가 Z를 침해하는 정도보다 더 작은 데도 불구하고 X와 Y 중에 X만 제한하는 것은 헌법의 기본원리에 위반된다. 그러므로 A조항은 헌법의 기본원리에 반한다.

<보 기>

ㄱ. "모임에 장소적 제약을 가하지 않는 시점이 규정된 경우 그 규정은 모임을 가질 권리를 침해하는 것이 아니다."라는 주장은 갑의 견해를 강화한다.

ㄴ. 어떤 기본권의 보장이 특정 행위를 허용함으로 인해 이루어지고, 그러한 행위가 다른 기본권을 침해하면 그 특정행위는 제한될 수 있다는 주장은 을의 견해를 강화한다.

ㄷ. 소음을 발생시키는 모임으로 인해 주거지역의 주민들의 기본권이 침해되는 정도는 야간보다 주간에 더 작다는 주장은 병의 견해를 약화한다.

① ㄱ ② ㄷ ③ ㄱ, ㄴ
④ ㄴ, ㄷ ⑤ ㄱ, ㄴ, ㄷ

3. 다음 논쟁에 대한 분석으로 옳은 것만을 <보기>에서 있는 대로 고른 것은?

경찰권은 국민에게 명령하거나 강제할 수 있는 권한으로서 경찰권이 발동하기 위해서는 반드시 법규의 근거가 있어야 한다. 경찰법상 개괄조항이란 경찰권 발동의 근거가 되는 개별적인 법률규정이 없는 경우 경찰권 발동의 근거가 될 수 있도록 위험방지 및 장해제거를 위한 포괄적 내용을 규정한 조항을 말한다. 예를 들어 G국의 경찰법에 규정된 "경찰관은 공공의 안전에 대한 개별적 위험을 방지하기 위해서 필요한 조치를 취할 수 있다."는 조항은 개괄조항인 반면 "경찰관은 수상한 자를 정지시켜 질문할 수 있다."라는 조항은 경찰의 직무를 구체적으로 명시하고 있는 개별조항에 해당한다. 현재 X국의 경찰법에는 개괄조항이 존재하지 않는데, 이를 제정해야 하는지의 여부와 만약 개괄조항이 존재한다면 개괄조항과 개별조항과의 관계는 어떠해야 하는지에 대해서 견해가 대립한다.

갑: 경찰권이 가지는 침해적, 권력적 성격상 그 근거는 개별조항에 의하여야 하고, 일반적이거나 포괄적인 직무를 규정한 조항에 근거하여 경찰권을 발동하는 것은 법치주의원칙에 반하기 때문에 허용되어서는 안 된다.

을: 사회의 발전으로 인해 개별조항으로 통제되지 않는 영역이 지속적으로 넓어짐에 따라 개괄조항의 필요성이 인정된다. 그리고 개괄조항에 의해 경찰권의 발동을 근거지어도 법치주의원칙에 반하지 않으므로 개괄조항 그 자체는 허용되어야 한다. 즉 개괄조항에 의한 경찰권 발동은 개별조항을 통해 통제되지 않는 경우에 인정되고, 그러한 경찰권 행사에 대하여는 행정법의 일반원칙에 의한 통제가 가능하므로 법치주의에 반하지 않는다.

병: X국의 경우 경찰법 이외의 법에서는 대부분 개괄조항이 존재하고 그 조항들은 개별조항이 타당한지의 여부를 판단하는 기준이 된다. 그러므로 경찰법 역시 개괄조항을 신설하고 이렇게 신설된 개괄조항을 개별조항의 존속여부를 결정하는 기준으로 삼아야 한다.

<보 기>

ㄱ. 법규정 중에 개괄조항이 존재해서는 안 된다는 주장에 대해 갑은 찬성하지만, 을과 병은 반대할 것이다.

ㄴ. 개별조항에 근거한 경찰권만으로는 모든 위험에 대처하는 것이 불가능하다는 주장에 대해 을은 찬성할 것이다.

ㄷ. 개별조항과 개괄조항이 충돌하는 경우 개괄조항을 우선 적용해야 한다는 주장에 대해 병은 찬성하지만, 을은 반대할 것이다.

① ㄱ ② ㄷ ③ ㄱ, ㄴ
④ ㄴ, ㄷ ⑤ ㄱ, ㄴ, ㄷ

4. 다음으로부터 추론한 것으로 옳은 것만을 <보기>에서 있는 대로 고른 것은?

X국의 행정법에 따르면 행정행위란 행정청이 행정법규를 적용하고 집행하는 행위로서 상대방에게 권리나 이익을 부여하는 수익적 행정행위, 의무를 부과하거나 권리 혹은 이익을 제한하는 침익적 행정행위로 구분된다. 이때 행정청이 상대방에게 침익적 행정행위를 하기 위해서는 반드시 법률에 근거해야 한다. 한편 성립에 흠이 있는 행정행위가 유효하게 성립한 이후에도 그 흠을 이유로 행정청이 그 효력의 전부 또는 일부를 소급하여 상실시킬 수 있는데 이를 행정행위의 취소라고 한다. 행정행위의 취소에 하자가 있는 경우 취소행위는 처음부터 효력이 발생하지 않으므로 취소의 대상이 되는 행정행위의 효력은 유지된다. 행정행위의 취소에는 직권취소와 쟁송취소만 있다.(단, 행정청이 허가를 해주는 행위는 그 허가를 받는 대상에게 권리와 이익을 주는 행정행위이다.)

○ 행정행위의 직권취소

직권취소는 처분청이나 감독청이 직권으로 스스로의 발의에 의하여 행정행위의 효력을 소급하여 상실시키는 행위로서 그 대상은 모든 행정행위이다. 직권취소 역시 행정행위이므로 그 취소의 원인이 되는 행정행위에 하자가 있는지의 여부와는 상관없이 상대방의 이익을 제한하는 것은 침익적 행정행위가 된다.

○ 행정행위의 쟁송취소

쟁송취소는 위법하거나 부당한 행정행위로 인하여 그 권리나 이익을 침해받은 자가 법원에 행정소송을 제기함으로써 법원이 그 행정행위의 효력을 소멸시키는 것이다. 즉 쟁송취소는 위법한 행정행위의 효력을 소멸시킴으로써 그 행정행위에 의해 침해된 국민의 이익을 구제하는데에 목적이 있다. 이에 따라 쟁송취소의 대상은 행정행위의 취소로 인해 소송을 제기한 자가 이익을 얻을 수 있는 행정행위로 제한된다.

<보 기>

ㄱ. 행정청이 갑을 대상으로 한 침익적 행정행위 A를 직권으로 취소하였지만 그 취소행위에 하자가 있던 경우 A의 효력은 유지된다.

ㄴ. 행정청이 을에게 유흥시설 운영허가를 내줬지만 그 허가에 하자가 있는 경우 을은 행정소송으로 해당 허가의 쟁송취소를 구할 수 있다.

ㄷ. 행정청이 병에게 건축허가를 내줬지만 그 허가에 하자가 있는 경우 행정청은 법률에 근거가 없어도 스스로 그 허가를 취소할 수 있다.

① ㄱ ② ㄷ ③ ㄱ, ㄴ
④ ㄴ, ㄷ ⑤ ㄱ, ㄴ, ㄷ

5. [규정]과 <사례>로부터 추론한 것으로 옳은 것만을 <보기>에서 있는 대로 고른 것은?

> [규정]
>
> 제1조 ① 피상속인의 사망으로 상속이 개시된다.
>
> ② 상속세 과세가액은 상속받은 재산('상속재산'이라 한다)의 가액에서 다음 각 호 중 제1호의 재산가액을 가산하고, 제2호의 재산가액을 차감한 것으로 한다. 다만 제2조에 따른 금액이 상속재산의 가액을 초과하는 경우 그 초과액은 없는 것으로 간주한다.
>
> 1. 상속개시일 전 5년 이내에 피상속인이 상속인에게 증여한 재산가액
> 2. 상속개시일 전 3년 이내에 상속인이 피상속인에게 증여한 재산가액
>
> 제2조 상속이 개시되는 시점에서 다음 각 호의 비용 및 금액은 제1조 제2항의 상속재산의 가액에서 차감한다. 다만 각 호의 비용 및 금액은 상속이 개시된 시점에 총 상속재산 중 상속인이 상속받은 상속재산의 비율을 각 호의 비용 및 금액으로 곱한 것으로 한다.(예를 들어 상속이 개시된 시점의 총 상속재산이 2억 원이고, 이중 1억 원을 상속받은 상속인은 제2호의 장례비용이 총 장례비용의 1/2로 책정된다.)
>
> 1. 장례비용
> 2. 피상속인의 채무
>
> <사례>
>
> A는 2022년 5월 10일에 사망하였고, 이로 인해 상속이 개시되었으며, 해당 시점에 ㉠ 총 상속재산은 12억 원이었다. A는 2020년에 B에게 3억을 증여했고, 2018년에 C에게 2억 원을 증여했다. B는 2018년, C는 2021년에 각각 A에게 1억 원을 증여했다. A의 장례비용으로는 총 1억 원이 사용되었고, A는 사망할 당시 E에게 3억 원의 채무가 있었다. 한편 A 재산의 상속인은 B와 C밖에 없다.(단, 제시된 내용만 고려하며 상속세 과세가액이 많아질수록 상속세도 많아진다.)

<보 기>

ㄱ. B가 ㉠의 1/2을 상속받은 경우 B의 상속세 과세가액은 7억 원이다.

ㄴ. ㉠중 상속받는 금액이 B가 C의 두 배라면 B의 상속세 과세가액은 9억 원이 될 수도 있다.

ㄷ. ㉠중 상속받는 금액이 B가 C의 두 배라면 상속세 과세가액은 B가 C보다 3배 이상 많다.

① ㄱ ② ㄷ ③ ㄱ, ㄴ
④ ㄴ, ㄷ ⑤ ㄱ, ㄴ, ㄷ

6. <이론>에 따라 <사례>를 분석한 것으로 옳은 것만을 <보기>에서 있는 대로 고른 것은?

> <이론>
>
> H조항에는 "주거권자의 동의 없이 주거공간에 침입한 자는 처벌된다."라고 규정되어 있다. 일반적으로 주거권자란 주거공간을 점유하고 있는 자를 의미하지만 H조항에서의 주거권자의 범위에 대해서는 견해가 대립한다. 먼저 견해 A와 견해 B에 따르면 특정 주거공간의 주거권자는 실제로 생활을 하고 있는 자로 한정되는 반면, 견해 C에 따르면 그 공간을 합법적으로 점유하고 있는 자와 그 가족으로 한정된다. 여기서 '합법적으로 점유하고 있는 자의 가족'은 그 자의 배우자, 직계비속, 직계존속만 포함된다. 또한 H조항에서의 '주거권자의 동의 없이 주거공간에 침입'이란 A에 따르면 비주거권자가 어느 주거권자에게도 허락을 받지 않고 주거공간에 있는 것을 의미하고, B에 따르면 비주거권자가 일부 주거권자의 의사에 반해 주거공간에 있는 것을 의미하며, C에 따르면 비주거권자가 모든 주거권자로부터 허락을 받지 않고 주거공간에 있는 것을 의미한다.
>
> <사례>
>
> 갑만이 주거공간 X를 합법적으로 점유하고 있다. 갑에게는 배우자 을, 자녀 병, 동생 정이 있었으며 X에는 갑, 을, 정만 실제로 생활을 하고 있었고, 병은 Y에서 생활을 하고 있었다. 이 상황에서 ㉠ <u>X에 병이 들어왔고</u> 이후 ㉡ <u>무가 들어왔다</u>.(단, 제시된 내용만 고려한다.)

<보 기>

ㄱ. 갑과 을이 ㉠을 허락한 경우 A에 따르면 병은 H조항에 따라 처벌되지 않는다.

ㄴ. 갑이 ㉠ 이후 병에게 나가라고 했지만 병이 나가지 않은 경우 B에 따르면 병은 H조항에 따라 처벌된다.

ㄷ. 갑, 을, 정이 ㉡을 허락한 경우 C에 따르면 무는 H조항에 따라 처벌되지 않는다.

① ㄱ ② ㄷ ③ ㄱ, ㄴ
④ ㄴ, ㄷ ⑤ ㄱ, ㄴ, ㄷ

7. <견해>에 따라 <사례>에서 병에게 부과되는 형의 범위로 옳은 것은?

[규정]

제1조(주거침입죄) ㉠ 사람이 주거하는 건조물에 침입한 자는 징역 2년에 처한다.

제2조 위험한 물건을 휴대한 채로 제1조의 죄('미수범'을 포함한다.)를 범한 때에는 징역 6년에 처한다.

제3조 재물을 절취할 목적으로 제1조의 죄를 범한 자('미수범'을 포함한다.)는 징역 10년에 처한다.

제4조 제1조, 제2조, 제3조에 대한 미수범이란 침입에 대한 실행에 착수했으나 침입하지 않은 경우를 말한다.

<견해>

견해1: ㉠은 그 건조물에 공동으로 주거하는 자들 전원의 동의 없이 건조물에 침입한 자를 말한다. 여기서 침입은 거동에 의한 신체적 침입으로서 행위자의 신체의 일부가 주거에 들어갔을 때 비로소 침입이 되고, 주거로 들어가는 문을 열 때 침입에 대한 실행을 착수했다고 본다.

견해2: ㉠은 그 건조물에 공동으로 주거하는 자들 중 어느 누구도 동의하지 않은 상태에서 건조물에 침입한 자를 말한다. 그리고 주거로 들어가는 문을 완전히 열었을 때 침입이 되고, 문을 여는 행위를 시작했을 때 그에 대한 실행의 착수가 있다고 본다.

견해A: 제2조는 제1조, 제3조는 제1조 및 제2조의 행위를 각각 포함하므로 제1조와 제2조의 죄를 범하면 제2조에 따른 처벌만 받고, 제1조, 제2조, 제3조의 죄를 범하면 제3조에 따른 처벌만 받으며 미수범은 해당 형량의 1/2의 형량으로 처벌받는다.

견해B: 제2조의 행위는 제1조의 행위를 포함하지만, 제3조의 행위는 제2조의 행위를 포함하지 않으므로 제1조와 제2조의 죄를 범하면 제2조에 따른 처벌만 받고, 제2조와 제3조 혹은 제1조, 제2조, 제3조의 죄를 범하면 제2조와 제3조에 따른 형량을 합산한 형량으로 처벌받으며, 미수범은 해당 형량의 1/2의 형량으로 처벌받는다.

<사례>

갑은 남편인 을과 함께 건조물 X에서 주거를 하고 있는 상태에서 불륜 관계인 병을 X로 초대하였다. 병은 X에 있는 을의 재산을 훔칠 목적으로 위험한 흉기를 가지고 X로 들어가려고 문을 열었는데 그 순간 X에 을이 있는 것으로 착각하여 X에 들어가지 않고 도망쳤다. 이때 병이 X에 들어가는 것에 갑은 동의했지만 을은 동의하지 않았다.

① 견해1과 견해A에 따르면, 징역 10년
② 견해1과 견해B에 따르면, 징역 16년
③ 견해1과 견해B에 따르면, 징역 8년
④ 견해2와 견해A에 따르면, 징역 10년
⑤ 견해2와 견해B에 따르면, 징역 8년

8. [규정]에 따라 <사례>의 갑과 병이 각각 납부해야 할 양도세와 취득세를 합한 금액은?

[규정]

제1조 ① 부동산을 양도한 자는 양도세(과세가액×양도세율-누진공제)를 납부해야 한다.

② 제1항의 양도세의 과세가액은 양도가액(양도한 금액)에서 취득가액(취득한 금액)과 누진세를 뺀 금액이며, 해당 과세가액에 따른 양도세율은 다음과 같다.

과세가액	양도세율	누진공제
2천만 원 미만	0%	-
2천만 원 이상 ~ 1억 원 미만	5%	-
1억 원 이상 ~ 10억 원 미만	10%	4백만 원
10억 원 이상	20%	9천 4백만 원

③ 제2항의 누진세는 양도가액에서 다음의 누진세율을 곱한 금액이다.

부동산 보유기간	누진세율
2년 이하	10%
2년 초과 ~ 10년 이하	5%
10년 초과	0%

제2조 부동산을 양수한 자는 취득세(취득가액×취득세율-누진공제)를 납부해야 하며 취득가액에 따른 취득세율은 다음과 같다.

취득가액	취득세율	누진공제
1억 원 미만	0%	-
1억 원 이상 ~ 5억 원 미만	5%	-
5억 원 이상	10%	2천만 원

<사례>

갑은 2001년 1월에 을로부터 부동산 A를 1억 원에 매수한 후에 2002년 5월에 병에게 2억 원에 매도하였고, 병은 다시 2010년 2월에 정에게 A를 14억 원에 매도하였다. 이 밖에 A와 관련된 거래는 없었다.

	갑	병
①	9백만 원	1억 4천만 원
②	9백만 원	1억 4천 6백만 원
③	9백만 원	1억 4천 2백만 원
④	1천 3백만 원	1억 4천만 원
⑤	1천 3백만 원	1억 4천 2백만 원

9. <견해>에 대한 평가로 옳은 것만을 <보기>에서 있는 대로 고른 것은?(단, 토지, 건물, 수목은 모두 물건에 해당한다.)

[규정]

제1조 ① 토지 지상권이 있는 자만이 그 토지에 있는 건물이나 수목을 소유할 수 있다.

② 토지 지상권자는 타인의 토지에 건물이나 수목을 소유하기 위해 그 토지를 단독으로 사용할 권리가 있다.

제2조 제1조의 지상권의 존속기간은 계약 당사자 간의 합의로 정할 수 있지만 그 기간은 다음 연한보다 단축하지 못한다.

1. 건물의 소유를 목적으로 하는 경우: 30년
2. 수목의 소유를 목적으로 하는 경우: 15년

<사례>

갑은 자신의 건물 X를 을 소유의 토지 P, 자신의 수목 Y를 병 소유의 토지 T에 각각 설치하였다. 갑은 X와 Y를 소유하기 위해서 을과 계약 L, 병과 계약 M을 체결하였고, 그 결과 P와 T에 대한 지상권자가 되었다. 갑은 을과 P에 대한 지상권의 존속기한을 정하지 않았고, 병과 T에 대한 지상권의 존속기한을 무기한으로 정하였다. 이에 갑의 지상권 존속기한에 대해 다음과 같이 견해가 대립한다.

<견해>

견해1: 계약 당사자 간에 지상권 존속기한에 대한 합의가 없었다면 그 지상권은 당사자 일방의 의사에 따라 소멸된다고 보아야 한다. 반면 지상권의 존속기간이 영구적이라고 할지라도 토지 소유권을 부정하는 것은 아니므로 지상권 존속기한을 무기한으로 정하는 합의는 허용되어야 한다.

견해2: 당사자 일방의 의사만으로 지상권이 소멸된다면 계약을 체결할 이유가 없기 때문에 존속기간에 대해 계약 당사자 간의 합의가 없었던 경우 그 기간은 제2조 제1항 각 호에 규정된 연한으로 해야 한다. 또한 지상권 존속기간을 무기한으로 합의하는 경우 토지 소유자의 토지 처분에 대한 권리를 제한하므로 그 합의의 효력은 인정되지 않아야 한다.

<보 기>

ㄱ. 자신이 소유한 물건에 대한 소유권 변동은 자신의 의사에 의해서만 결정되어야 한다는 주장은 견해1을 약화한다.

ㄴ. 어떤 물건에 대한 소유권은 그 물건을 소유한 자가 해당 물건을 사용하거나 사용할 수 있는 경우에만 존재할 수 있다는 주장은 견해1을 약화한다.

ㄷ. 토지 소유자와 지상권자가 지상권 존속기간에 대한 합의를 하지 않은 경우 그 기간은 법률이 정한 최단 존속기간으로 해야 한다는 규정이 있다면 견해2는 강화된다.

① ㄱ　② ㄷ　③ ㄱ, ㄴ　④ ㄴ, ㄷ　⑤ ㄱ, ㄴ, ㄷ

10. [X국 규정]을 <사례>에 적용한 것으로 옳은 것만을 <보기>에서 있는 대로 고른 것은?

[X국 규정]

제1조 이 법에서 사용하는 용어 중 '국가채권'(이하 '채권'이라 한다)이란 국가가 부과한 세금 중 징수되지 않은 세금을 말하고, '채무자'란 국가로부터 부과된 세금을 납부하지 않은 자를 말하며, '체납금'이란 기한까지 납부하지 못한 채권을 말한다.

제2조 관리관은 채권의 기한이 도래한 이후에 채권을 보전하기 위해 채무자의 권리를 대신 행사할 수 있다.

제3조 ① 관리관은 채무자로부터 압류할 수 있는 재산의 가격이 강제집행에 드는 비용을 초과하지 않는 경우에는 그 채권의 추심에 관한 사무를 중지해야 한다.

② 관리관은 채무자의 요청에 따라 채무의 납부기한을 분할 또는 연장할 수 있다.

제4조 관리관은 신용정보기관에서 다음 각호의 어느 하나에 해당하는 체납자에 대한 신상정보를 요구하는 경우에는 해당 자료를 제공해야 한다.

1. 독촉기한부터 1년이 지나고 그 체납금이 5백만 원 이상인 자.
2. 1년에 3회 이상 체납하고 그 체납금이 5백만 원 이상인 자.

<사례>

X국 정부는 2022년 1월에 갑이 자신 소유의 건물 A를 을에게 매도하여 수익을 얻자 이에 대한 ㉠ 양도소득세 6천만 원을 갑에게 부과하였고, 을에게는 ㉡ 취득세 9백만 원을 부과하였다. 갑과 을의 요청에 따라 관리관 병은 갑의 경우 2022년 3월과 8월에 각각 3천만 원씩 양도소득세를 납부하고, 을의 경우 2022년 2월, 6월, 10월에 각각 3백만 원씩 취득세를 납부하는 것으로 기한을 변경해 주었다.

<보 기>

ㄱ. 갑이 2023년 2월까지 ㉠ 중 5천만 원만 납부했다면 갑의 총 재산이 3천만 원인 경우 관리관은 ㉠에 대한 추심을 중지해야 한다.

ㄴ. 갑이 정에게 빌려준 채무 3백만 원을 2022년 2월에 받기로 한 경우 병은 해당 채무에 대한 권리를 갑을 대신하여 행사할 수 있다.

ㄷ. 을이 2023년 1월까지 ㉡ 중 2백만 원을 납부한 경우 해당 시점에 신용정보기관의 요청이 있다면 병은 을의 신상정보를 제공해야 한다.

① ㄱ　② ㄷ　③ ㄱ, ㄴ　④ ㄴ, ㄷ　⑤ ㄱ, ㄴ, ㄷ

11. 다음 글에 대한 분석으로 옳은 것만을 <보기>에서 있는 대로 고른 것은?(단, 제시된 내용만 고려한다.)

X국의 법률에 따르면 '금전채권(이하 '채권'이라 한다)'이란 일정한 액수의 돈을 지급받을 수 있는 권리를 내용으로 하는 채권으로서 재산권의 일종이다. 재산권은 매매가 가능하기 때문에 채권 역시 매매가 가능하고, 이때 채권을 양도하는 자를 양도인, 그 채권을 양수하는 자를 양수인이라 한다. 타인 소유의 건물 등의 부동산을 임차하는 과정에서 임차인이 부동산 소유자에게 임차보증금을 지급할 수도 있는데, 이 경우 임차관계가 종료되면 부동산 소유자는 임차보증금을 임차인에게 반환해야 하므로 해당 임차보증금 역시 임차인이 부동산 소유자에게 가지는 채권의 한 종류이다.

<상황>

갑은 을 소유의 건물 X를 ㉠ 임차보증금 1억 원에 임차하였고 병에게 ㉡ 3천만 원의 채무가 있던 갑은 해당 채무를 담보하기 위해 X에 대한 임차보증금 1억 원 중 ㉢ 3천만 원의 채권을 병에게 양도하였다.

<견해>

견해1: 채무자가 자신의 채무를 채권자에게 모두 변제한 경우 그 변제를 이유로 채권자가 채권을 행사할 권리를 부정하는 권리(이하 '항변권'이라 한다)를 행사할 수 있다. 항변권은 채권이 양도되면 같이 이전되고 채권을 양도한 자가 채권을 양수받은 자에 대해 지고 있던 채무를 변제한 경우 그 변제는 채권이 양도됨으로 인해 양수인에게 채무를 지던 채무자(이하 '채무자'라 한다)가 변제한 것으로 보아야 한다.

견해2: 부동산을 양도한 자의 행위가 양도한 시점 이후에 그 부동산에 아무런 영향을 주지 않는 것처럼 채권이 양도된 시점부터 그 채권을 양도한 자의 행위는 채권 내용에 영향을 주지 않는다. 즉 채권이 양도된 시점부터는 양도인의 행위는 채권의 내용을 변경할 수 없기 때문에 양수인이나 채무자가 채권의 내용을 변경시킬만한 행위를 하지 않는 경우 양도된 채권의 내용은 변하지 않는다.

<보 기>

ㄱ. 갑이 ㉢ 이후에 병에게 ㉡ 중 2천만 원을 변제한 경우, 견해1에 의하면 을은 병에게 1천만 원의 채무를 변제해야 한다.

ㄴ. 갑이 ㉢ 이후에 병에게 ㉡ 중 1천만 원을 변제한 경우, 견해2에 의하면 을은 병에게 3천만 원의 채무를 변제해야 한다.

ㄷ. 을이 갑에게 ㉠ 중 7천만 원만 반환한 경우, 견해1에 의하든 견해2에 의하든 을은 병에게 ㉢으로 인해 발생한 채무를 변제하지 않아도 된다.

① ㄱ ② ㄷ ③ ㄱ, ㄴ
④ ㄴ, ㄷ ⑤ ㄱ, ㄴ, ㄷ

12. 다음 논쟁에 대한 분석으로 옳은 것만을 <보기>에서 있는 대로 고른 것은?

X국 형법은 타인의 재물을 강취하여 재산상의 이익을 취한 자를 강도죄로 처벌한다. 여기서 강취란 폭행이나 협박을 통해 상대방의 의사에 반하여 그 상대방의 재물을 자기 또는 제3자의 점유로 옮기는 것(이하 '취거'라 한다)을 말한다. 강도죄가 성립하기 위한 요건과 관련하여 갑, 을, 병이 아래와 같이 논쟁을 하고 있다.

갑: 강도죄에 따른 강취가 성립하기 위해서는 폭행이나 협박이 취거의 수단이 되어야 하므로 폭행이나 협박이 재물취거와 인과관계가 없다면 강취는 성립하지 않습니다. 이때 폭행이나 협박이 객관적으로 상대방의 반항을 억압할 수 있는 정도의 것이면 강취가 성립하는데 아무런 문제가 없지만 이 경우에도 폭행이나 협박과 재물취거 사이의 인과관계는 요구됩니다.

을: 강도죄에 따른 강취가 성립하기 위해서는 폭행이나 협박이 재물을 취거하는 수단이 되어야 한다는 견해에는 동의합니다. 다만 폭행이나 협박에 의해 상대방이 현실적으로 항거할 수 없는 상태에 있는 경우에만 강취가 성립합니다.

병: 강취의 개념 속에 이미 폭행이나 협박이 포함되므로 강취에 의한 점유 침탈은 피해자가 그 침탈에 저항하는 것을 억압할 수 있는 정도여야 합니다. 그러므로 피해자가 침탈에 저항할지의 여부에 대한 판단 기회를 주지 않는 경우에는 강도죄가 성립하지 않습니다.

<보 기>

ㄱ. 갑은 객관적으로 상대방의 반항을 억압할 정도의 폭행을 가했으나 피해자가 가해자에게 동정심을 느껴서 재물을 교부한 경우 강도죄에 해당하지 않는다고 본다.

ㄴ. 을은 피해자를 강간할 목적으로 폭행을 행사한 결과 피해자가 항거불능 상태에 빠졌고 그 상태에서 피해자의 재물을 취거한 경우 강도죄에 해당하지 않는다고 본다.

ㄷ. 병은 피해자에게 충돌하여 피해자가 놀란 사이에 재빨리 그의 재물을 취거해 가는 날치기 행위를 강도죄에 해당한다고 본다.

① ㄱ ② ㄷ ③ ㄱ, ㄴ
④ ㄴ, ㄷ ⑤ ㄱ, ㄴ, ㄷ

13. 다음 글로부터 추론한 것으로 옳은 것만을 <보기>에서 있는 대로 고른 것은?

> 사람들은 자신에게 해악이 끼쳐질 것이 확실시되는 경우에는 그 해악이 매우 작을지라도 그로 인해 두려움을 느낀다. 그러므로 어떤 범죄행위를 한 자에게 가해지는 처벌이 그 범죄행위를 한 자에게 확실하게 가해지는 경우에는 그 행위를 하는 데 있어서 두려움이 생길 수밖에 없다. 한편 범죄행위를 해도 그에 따른 처벌을 받지 않을 가능성이 커질수록 처벌에 대한 두려움은 작아진다. 물론 가해지는 처벌이 무거울수록 그에 따른 두려움은 커지지만 그 형벌이 지속되는 기간에 비례해서 두려움은 줄어든다. 예컨대 살아 있는 상태로 잔혹하게 죽이는 처벌이라고 해도 그것이 수백 년 이상 시행된 이후에는 이제 막 새롭게 시행되는 징역형으로 인한 두려움보다 더 큰 두려움을 만들어낼 수 없다. 물론 처벌의 두려움이 커질수록 범죄행위가 억제되는 정도는 강해진다. 그래서 상당수의 국가에서는 처벌에 대한 두려움을 통해 범죄를 예방하기 위한 목적으로 처벌이 사용된다. 또한 원칙 T에 따라 처벌의 중한 정도는 범죄의 중한 정도에 비례해야 하므로 절도죄를 살인죄보다 더 중하게 처벌할 수는 없다. 다음의 상황을 가정해 보자.
>
> P국에서는 처벌에 대한 두려움을 통해 범죄를 예방하기 위한 목적으로 처벌이 사용된다. 그리고 시점 1에서는 절도를 하면 10년의 징역형에 처해지고, 살인을 하면 사형에 처해진다. 그런데 시점 2에서는 사형에 대한 두려움이 시점 1에서의 10년의 징역형에 대한 두려움보다 작아지기 때문에 원칙 T에 의해 사형보다 더 두려움을 발생시키는 처벌을 해야만 한다. 결국 이 과정이 반복되면 P국에서는 결국 더 이상 처벌에 대한 두려움을 통해 범죄를 예방하기 위한 목적으로 처벌을 사용할 수 없게 된다. 결국 범죄자의 교화를 통해서만 범죄율을 줄일 수 있고 그에 따른 효과가 지속되지만, 처벌은 범죄를 일시적으로만 예방하는 목적으로만 사용될 수 있을 뿐이다.

<보 기>

ㄱ. 다른 모든 조건이 동일한 경우 처벌에 대한 확실성이 낮아질수록 범죄율은 높아진다.

ㄴ. 어떤 국가에서 발생하는 모든 범죄를 지속적으로 예방하기 위해서는 범죄자를 교화시켜야 한다.

ㄷ. 다른 모든 조건이 동일한 경우 경한 처벌로 인한 두려움과 중한 처벌로 인한 두려움의 차이는 시간이 경과할수록 커진다.

① ㄱ ② ㄴ ③ ㄱ, ㄷ
④ ㄴ, ㄷ ⑤ ㄱ, ㄴ, ㄷ

14. 다음으로부터 <사례>를 판단한 것으로 옳은 것만을 <보기>에서 있는 대로 고른 것은?

> 존엄성이 인정되는 범위와 존엄성을 가진 존재를 위해서 존엄성을 가지거나 가지지 않은 존재를 이용할 수 있는 범위에 대해서 갑, 을, 병이 논쟁하였다.
>
> 갑: 어떤 것을 경험할 수 있는 존재는 그렇지 못한 존재보다 더 높은 수준의 권리를 가진다. 그런데 어떤 것을 경험할 수 있기 위해서는 정신이 정상적인 기능을 해야 하므로 정상적인 정신활동을 하는 인간만이 가장 높은 수준의 권리를 가진다. 또한 존엄성이란 가장 최고로 여기는 엄숙한 성질이므로 가장 높은 수준의 권리를 가진 인간만이 존엄성을 가진다. 그러므로 존엄성을 가진 존재는 이용할 수 없고, 존엄성을 가진 존재를 살리기 위한 목적 달성을 위해 존엄성이 없는 존재를 이용하는 것은 허용된다.
>
> 을: 생명은 생존하는 동안에는 당연히 그 생명에게 기본적으로 부여된 권리를 누릴 수 있다. 그리고 존엄성은 인간만이 누릴 수 있는 권리이므로 모든 인간은 모체에서 분리된 때부터 사망할 때까지 존엄성을 가진다. 그리고 존엄성을 가진 존재는 이용할 수 없고 인간을 살리기 위한 목적에 국한하여 인간 이외의 존재를 이용할 수 있으며, 그 이외의 용도로는 인간이었던 존재나 인간이 될 수도 있는 존재를 이용할 수 없다.
>
> 병: 인간이란 모체로부터 분리된 때로부터 사망할 때까지를 의미하지만, 인간이었던 존재나 인간이 될 수도 있는 존재라고 해서 존엄성의 존재를 부정해서는 안 된다. 하지만 인간의 생명을 살리거나 치료하기 위한 목적에 한해 인간 이외의 존재를 이용할 수 있다.
>
> **<사례>**
>
> (1) X는 정상적인 정신을 가진 A의 하반신 마비를 치료하기 위해서 인간의 배아(수정부터 8주까지의 발생 중인 개체)인 B를 이용하였다.
>
> (2) Y는 정상적인 정신을 가진 C를 살리기 위해 식물인간 상태에 있는 D의 장기를 C에게 이식하였다.

<보 기>

ㄱ. B에게 존엄성이 있는지에 대해 갑과 병은 의견을 달리할 것이다.

ㄴ. (1)에서 X의 행위가 허용되는지에 대해 을과 병은 의견을 달리할 것이다.

ㄷ. (2)에서 Y의 행위가 허용되는지에 대해 갑과 을은 의견을 달리할 것이다.

① ㄱ ② ㄷ ③ ㄱ, ㄴ
④ ㄴ, ㄷ ⑤ ㄱ, ㄴ, ㄷ

15. 다음 논쟁에 대한 분석으로 옳은 것간을 <보기>에서 있는 대로 고른 것은?(단, 동일한 시점에 발생한 존재는 동일한 생체적 나이를 가진다.)

복제인간이란 어떤 사람의 유전자를 복사하여 만든 인간을 말한다. 유전자를 제공한 자와 그 유전자를 복사하여 만든 복제인간이 동일인물인지의 여부와 복제인간도 인권을 가지는지의 여부에 대해서 논쟁이 있다.

갑: 복제인간은 유전자를 제공한 자와 완벽하게 동일한 유전자를 가진다. 하지만 동일인이라고 인정되기 위해서는 완벽하게 동일한 기억을 가져야 한다. 기억은 사소한 행동이나 경험 혹은 사고과정을 통해서 만들어지기 때문에 어떤 사람도 다른 사람과 완벽하게 동일한 기억을 가질 수 없다. 또한 인간만이 공통적으로 지니는 속성을 모두 가진 존재는 인간으로 인정되어야 한다. 복제인간에게 유전자를 제공한 자는 인간이고, 복제인간은 유전자를 제공한 자와 동일한 속성을 가지므로 복제인간 역시 인권을 가진다.

을: 어떤 두 사람이 동일인이라고 인정되기 위해서는 그 두 사람의 유전자는 물론 두 사람을 구성하는 물질의 종류와 수가 완벽하게 동일해야 한다. 그런 면에서 볼 때 복제인간은 자신에게 유전자를 제공한 자와 동일인으로 볼 수 없다. 그리고 남성과 여성의 유전자가 결합한 후 세포분열을 통해 만들어진 존재만이 인간이 될 수 있으므로 한 명의 유전자만으로 만들어진 존재에게는 인권이 주어질 수 없다.

병: 유전자와 생체적 나이가 동일하면 동일인으로 보아야 하므로 유전자를 제공한 자와 복제인간의 유전자와 생체적 나이가 동일한 경우 그 두 개체를 동일인으로 보아야 한다. 그렇기 때문에 복제인간이 유전자를 제공한 자와 동일인이 되려면 성장과 노화의 속도를 조절해야 한다. 하지만 인간으로 인정받기 위해서는 인간과 동일한 속성을 가져야 하고, 그 속성에는 인간만이 가지는 성장과 노화의 속도도 포함되므로 인위적으로 성장과 노화의 속도를 조절하는 존재는 인간이라고 볼 수 없다. 그러므로 원칙적으로 복제인간은 인권을 가지지만 성장과 노화의 속도를 조절한 복제인간은 인권을 가지지 않는다.

<보 기>

ㄱ. 유전자가 동일한 일란성 쌍둥이는 동일인으로 보아야 한다는 것에 대해 갑은 동의하지 않지만 병은 동의한다.

ㄴ. 어린 시절의 나와 성인이 된 후의 나는 동일인이 아니라는 것에 대해 을과 병은 동의한다.

ㄷ. 복제인간 X가 인권을 가지는지의 여부에 대해 갑과 병의 견해가 동일하다면 병은 X에게 유전자를 제공한 자와 X가 동일인이 아니라고 볼 것이다.

① ㄱ ② ㄷ ③ ㄱ, ㄴ
④ ㄴ, ㄷ ⑤ ㄱ, ㄴ, ㄷ

16. 다음 논쟁에 대한 분석으로 옳은 것만을 <보기>에서 있는 대로 고른 것은?

외부 대상이 인간과 같은 지각 주체와 분리되어 독립적으로 존재할 수 있는지의 여부에 대해서 다음의 논쟁이 있다.

갑: 지각은 지각 주체가 외부 대상의 정보를 감각 기관으로 수용하고 분석하는 과정으로서 감각 기관으로 수용된 외부 대상의 정보에 의해 지각 주체 내에서 그 외부 대상에 대한 표상(이미지)이 발생하고, 이를 지각 주체가 지각하는 과정을 거쳐서 일어난다. 어떤 것이 존재한다는 것은 그것이 다른 것과 구별되는 것을 말하고, 지각 주체에 의해 지각되는 상태에서만 그것이 다른 것과 구별될 수 있다. 예를 들어 책상 위에 연필이 있다고 가정해 보자. 연필이 다른 대상과 구별되지 않으면 어떤 것이 연필인지 확정할 수 없기 때문에 연필이 존재한다고 볼 수 없으며, 연필이 다른 대상과 구별되려면 지각 주체에 의해서 그 연필이 지각되어야만 한다. 즉 지각 주체에 의해 지각되는 상태가 아닌 것은 존재하는 것이 아니다.

을: 지각은 지각 주체의 감각기관을 통해 빛이나 소리 등과 같은 외부의 물리화학적 정보가 수용되고, 이 정보가 중추신경계로 도달하여 분석되는 과정을 통해서 일어난다. 이때 표상은 외부 대상의 정보가 중추신경계로 도달하는 경우 발생하고, 그 정보가 분석된 때에만 그 정보에 대한 대상이 지각된다. 그런데 이 같은 과정은 완벽하지 않기 때문에 외부 정보를 수용하거나 전달하는 과정 또는 분석하는 과정에서 오류가 발생하기도 한다. 그리고 오류가 발생하면 외부 정보와는 다른 표상이 발생하거나 다른 대상으로 지각된다. 더 나아가 지각을 일으키는 정보 자체가 지각 주체 내에서 발생하는 것일 수도 있다. 이와 같은 지각의 불안정성을 고려한다면 지각에 의존하여 외부 대상의 존재 여부를 판단하는 것은 위험하며, 지각 주체는 어떠한 경우에도 외부 대상의 존재 여부를 확인할 수 없다. 즉 외부 대상은 지각 주체와는 상관없이 독립적으로 존재할 수도 있다.

<보 기>

ㄱ. 철수가 온전한 상태의 사과 A의 외부를 보기만 하는 경우 A의 내부에 있는 씨는 존재하지 않는다는 것에 갑은 동의할 것이다.

ㄴ. 외부 대상을 실제와 다르게 지각하는 착각이 감각기관에서 중추신경으로 정보가 전달되는 과정에서의 오류로 발생하기도 한다는 것에 을은 동의한다.

ㄷ. 외부의 대상이 지각 주체가 존재하는지의 여부와 상관없이 실제로 존재하고 있다는 것에 대해 을은 동의하지만 갑은 동의하지 않는다.

① ㄴ ② ㄷ ③ ㄱ, ㄴ
④ ㄱ, ㄷ ⑤ ㄱ, ㄴ, ㄷ

17. 다음 논쟁에 대한 분석으로 옳은 것만을 <보기>에서 있는 대로 고른 것은?

> 행위에 대한 정당성의 기준과 관련된 이론에는 크게 3가지가 있다. 먼저 특정 행위가 얼마나 많은 행복을 창출했는지를 기준으로 그 행위에 대한 정당성을 결정하는 ㉠ 이론이 있는데 이에 따르면 할 수 있는 행위 중에 모든 사람이 각각 얻는 행복의 총합이 가장 많은 행위를 해야만 그 행위가 정당하게 되고 그렇지 않은 경우에는 부당하게 된다. 즉 행위가 행복을 극대화시키는 결과를 창출하는지의 여부에 따라 행위가 정당한지가 결정되므로 아무리 좋은 의도를 가지고 행동을 했더라도 행복의 극대화를 가져오지 않는다면 그 행위는 부당하다. 다음으로 행위에 대한 정당성의 기준을 도덕적 의무에서 찾는 ㉡ 이론이 있는데 해당 이론에 따르면 "타인의 생명을 빼앗지 말아라", "타인의 물건을 훔치지 말아라."와 같은 도덕적 의무에 위반되지 않는 행위만이 정당하고 그 이외의 행위는 부당하다. 또한 행위에 대한 결과는 그 행위가 정당한지의 여부에 영향을 주지 않기 때문에 어떤 행위의 정당성 여부는 행위자가 비도덕적 행위를 할 의사가 있었는지의 여부에 따라 결정된다. 그다음으로 의무의 이행이나 준수를 기준으로 그 행위에 대한 정당성을 판단하는 ㉢ 이론이 있는데 이에 따르면 할 수 있는 행위 중에 가장 먼저 타인에게 해를 끼치지 않아야 하는 의무를 최우선으로 이행해야 하고, 그다음으로는 계약이나 약속과 같이 자신의 과거 행위로 인해 발생한 의무를 이행해야 하며, 이와 같은 의무가 없으면 타인에게 선행을 베푸는 의무를 이행해야 한다.

<보 기>

ㄱ. 행위에 대한 결과에 따라 그 행위가 정당한지의 여부가 결정된다는 것에 대해 ㉠은 동의한다.

ㄴ. 타인의 돈을 훔치려고 금고를 열었지만 발각되어서 훔치지 못한 경우 그 금고를 여는 행위는 ㉡에 따르면 부당한 행위이다.

ㄷ. 가벼운 부상을 당한 다섯 명의 환자를 치료하기 위해 한 명의 생명을 빼앗는 행위는 ㉠에 따르면 정당한 행위이지만 ㉢에 따르면 부당한 행위이다.

① ㄱ ② ㄷ ③ ㄱ, ㄴ
④ ㄴ, ㄷ ⑤ ㄱ, ㄴ, ㄷ

18. 다음으로부터 추론한 것으로 옳은 것만을 <보기>에서 있는 대로 고른 것은?(단, 도시는 많은 사람이 사는 지역이다.)

> 모든 명제는 주어와 술어로 구성되어 있는데, 전자는 명제가 주장하는 무언가가 있을 때, 그 주장의 대상이 되는 어떤 것이고, 후자는 명제에서 주어에 대해 주장되는 개념을 말한다. 예를 들어 행성은 항성 주위를 공전하는 천체로 정의되고, 이 정의에 따라 "행성은 항성 주위를 공전하는 천체다."라는 명제가 만들어진다. 그리고 이 명제에서 "행성"은 주어이고, "항성 주위를 공전하는 천체이다."라는 술어가 된다. 한편 명제는 분석명제와 종합명제로 구분되는데 전자는 그 진위 여부를 명제의 내용만으로 판단할 수 있는 반면, 후자는 그 진위 여부를 명제의 내용만으로는 판단할 수 없고, 관찰이나 조사 등이 추가되어야만 한다. 다음의 명제 (1)은 사각형에 대한 정의에 의해서 참임을 알 수 있으므로 분석 명제에 해당하고 명제 (2)는 명제의 내용만으로는 진위 여부를 알 수 없고 모든 까마귀를 관찰함으로써 그 진위가 결정될 수 있으므로 종합명제에 해당한다.
>
> (1) 사각형의 네 각의 합은 360도이다.
> (2) 모든 까마귀는 검은색이다.
>
> 명제는 주어의 외연의 크기에 따라서 A형 명제, B형 명제, C형 명제로 분류된다. A형 명제는 주어의 외연이 특정 집합 내에 포함된 모든 원소이고, B형 명제는 주어의 외연이 특정 집합 내에 있는 일부 원소이며, C형 명제는 단 하나의 원소가 주어의 외연이 된다. 예를 들어 (2)의 진위를 확인하기 위해서는 모든 까마귀를 관찰한 다음 관찰한 모든 까마귀가 검은색인지의 여부를 확인해야 한다. 그런데 까마귀는 과거와 현재는 물론 미래에도 지속적으로 존재할 것이므로 (2)의 진위를 확인하기 위해서는 미래의 까마귀 역시 관찰을 해야 한다. 하지만 이는 불가능하므로 (2)의 명제는 진위 여부를 확인할 수 없다.

<보 기>

ㄱ. "모든 도시에는 사람이 살고 있다."라는 명제는 진위 여부를 확인할 수 없다.

ㄴ. "정치인 중에는 정직한 사람이 존재한다."라는 명제는 종합명제이자 B형 명제이다.

ㄷ. "태양계 외부의 행성 중 일부는 항성 주위를 공전하지 않는다."라는 명제는 거짓이다.

① ㄱ ② ㄴ ③ ㄱ, ㄷ
④ ㄴ, ㄷ ⑤ ㄱ, ㄴ, ㄷ

19. 다음 논증의 구조를 가장 적절하게 분석한 것은?

> ㉠국민의 다수가 올바른 선택을 할 수 있을 때만 정책결정권이 모든 국민에게 있어야 한다는 정당성이 확보된다. ㉡ 그러나 모든 국민이 완벽한 선택을 하는 경우에만 국민 다수가 올바른 선택을 한다. ㉢ 게다가 많은 사람들이 선택을 하는 과정에서 오류를 범한다. ㉣ 즉 정책결정권이 모든 국민에게 주어지는 것은 부당하다. ㉤ 민주주의는 정책결정권이 모든 국민에게 있는 정부 형태이다. ㉥ 결국 민주주의는 최악의 정부 형태 중 하나이다. ㉦ 정책결정권이 어느 한 사람이나 일부 집단에게만 주어지는 정부 형태는 최고의 정부 형태가 될 수 없다. ㉧ 그리고 우리는 최고의 정부 형태나 최선의 정부 형태를 받아들여야 한다. ㉨ 정책결정권을 가진 자들이 올바른 선택을 할 수 있는 정부 형태는 최선의 정부 형태이다. ㉩ 엘리트주의는 올바른 선택을 하는 일부 국민들에게만 정책결정권이 주어지는 정부 형태이다. ㉪ 엘리트주의는 최고의 정부 형태는 아니지만 최선의 정부 형태이다. ㉫ 우리는 민주주의 대신 엘리트주의를 받아들여야 한다.

①

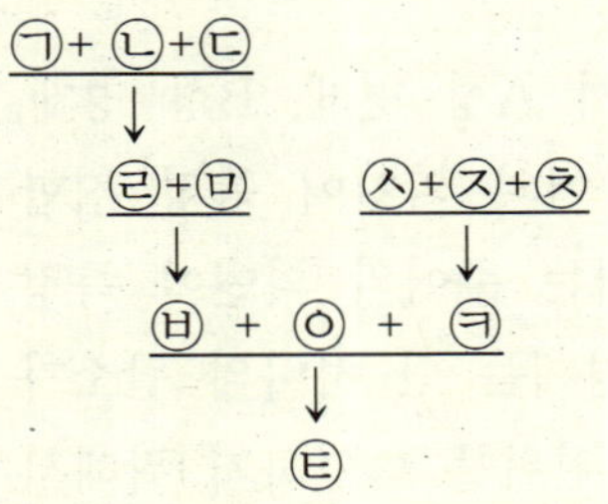

②

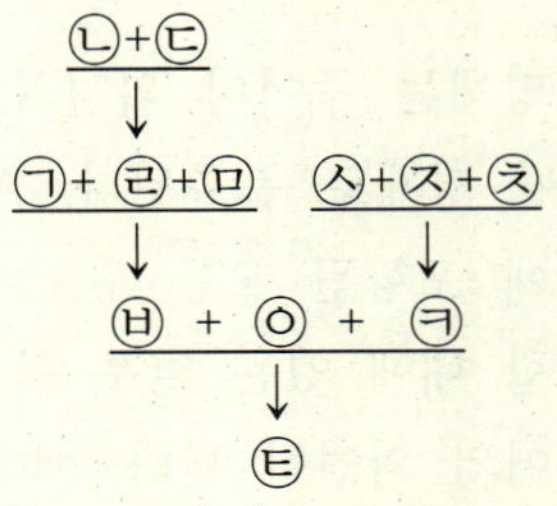

③

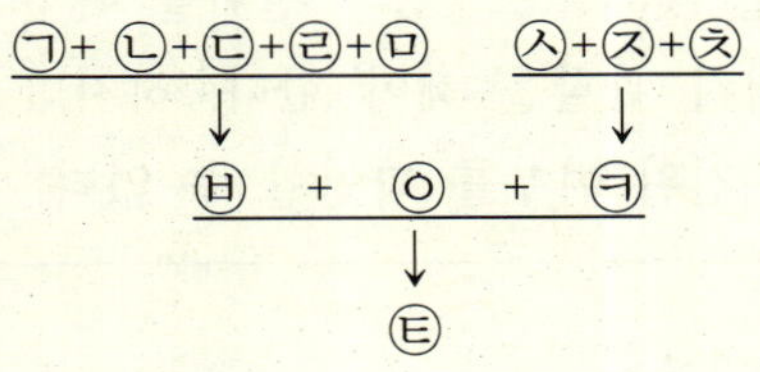

④

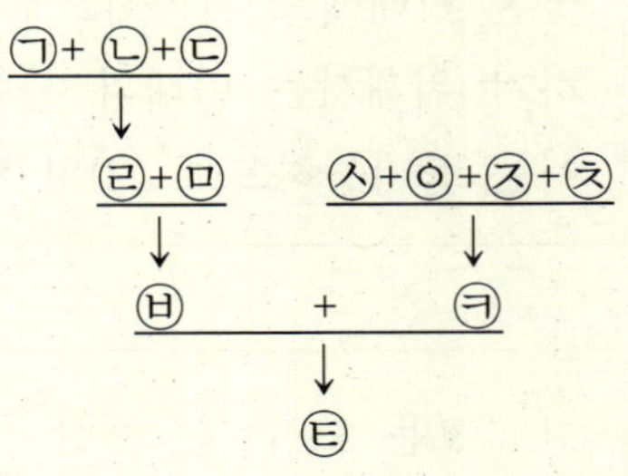

⑤

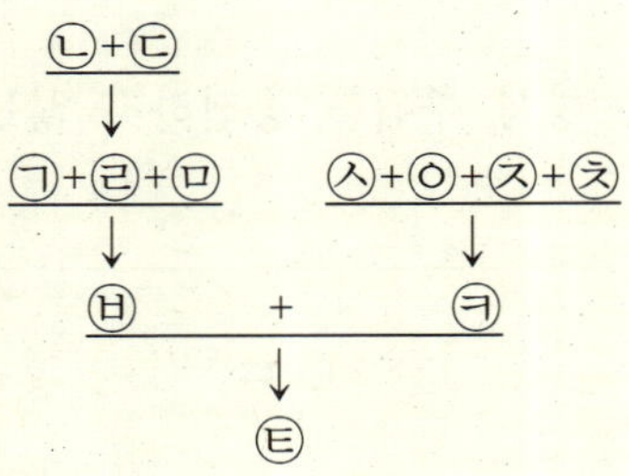

20. 다음으로부터 추론한 것으로 옳은 것만을 <보기>에서 있는 대로 고른 것은?

> 귀납추론이란 구체적 사실을 전제로 하여 보편적 사실을 추론해 내는 방식으로서 전제가 결론을 개연적으로 뒷받침한다. 이 개연성으로 인해 귀납추론은 다음과 같은 특징을 가진다.
>
> 귀납추론에서 전제는 결론의 참을 보장하지 못함에 따라 그 결론은 항상 가능 명제로 표현된다. 예컨대 지금까지의 관찰된 까마귀가 모두 검은색이고, 이 사실을 전제로 하여 "모든 까마귀는 검은색이다."라는 결론을 도출해 내는 경우 전제가 결론의 참을 보장하지 못하므로 결론은 실제로 "모든 까마귀는 검은색일 것이다."라는 가능 명제로 표현되는 것이 더 정확하다. 이때 ㉠ 까마귀가 가질 수 있는 색이 검은색이나 흰색 두 가지뿐이고, 모든 까마귀가 동일한 색을 가져야 한다면 모든 까마귀가 검은색인 상황과 모든 까마귀가 흰색인 상황이 존재하므로 ㉡"모든 까마귀는 검은색일 것이다."라는 명제의 X의 개수는 총 2개가 된다. 즉 X의 개수란 결론이 참일 가능성의 역수이다. 이때 X의 개수가 많은 명제일수록 그 명제의 불확실성은 커진다. 그리고 전제와 결론의 개연성과 결론의 불확실성은 반비례하므로 가능 명제 즉 결론의 불확실성이 커질수록 그 결론을 도출한 전제 간에 개연성은 작아진다.
>
> ※ 역수: 어떤 수의 분자와 분모를 바꾼 수(ex = 1/2의 역수는 2)

<보 기>

ㄱ. ㉠이 많아질수록 ㉡을 도출한 전제와 ㉡ 간의 개연성은 작아진다.

ㄴ. 빨간색, 파란색, 노란색 구슬이 각각 한 개씩 들어 있는 상자에서 한 개의 구슬을 꺼내는 경우 "빨간색 구슬이 꺼내질 것이다."는 명제의 X의 개수는 총 3개이다.

ㄷ. 앞면에 1부터 4까지의 숫자가 각각 하나씩 적힌 4장의 카드 중 하나를 뽑을 때 "짝수가 나올 것이다."는 명제는 앞면에 1과 2가 각각 하나씩 적힌 두 장의 카드 중 하나를 뽑을 때 "1이 나올 것이다."는 명제보다 불확실성이 더 크다.

① ㄱ　② ㄷ　③ ㄱ, ㄴ　④ ㄴ, ㄷ　⑤ ㄱ, ㄴ, ㄷ

21. 다음 논쟁에 대한 분석으로 옳은 것만을 <보기>에서 있는 대로 고른 것은?(단, 각 가구의 구성원은 남편과 아내만 있다.)

갑: 사적인 영역에 사용하는 시간이 많아질수록 전문적인 노동을 할 수 없게 되는 경향이 있어. 그런데 여성은 남성에 비해서 가사라는 사적인 영역에 시간을 더 많이 사용하기 때문에 남성에 비해서 상대적으로 단순노동에 종사하는 비율이 높지. 그리고 단순노동은 전문노동에 비해 그 중요성이 낮으므로 단위노동시간당 받을 수 있는 임금이 적을 수밖에 없어. 또한 각 사람 간의 계급은 소득에 비례하지만, 각 가구 간의 계급은 가구 내에서 더 계급이 높은 자의 사회적 위치에 의해 결정되므로 대부분의 경우 가구의 계급은 남자에 의해 결정돼.

을: 각 사람 간의 계급이 소득에 의해 결정되는 것과 마찬가지로 각 가구의 계급은 그 가구의 경제적 위치 즉 소득에 비례하기 때문에 여성의 소득은 가구의 계급을 결정하는 데 중요한 역할을 하지. 물론 대부분의 경우 가구에서의 소득은 여성보다 남성이 많지만, 아내의 소득이 높아질수록 남편에게 더 많은 자율성과 선택권이 주어지고 이 같은 요인은 남편의 소득과 비례하지.

병: 과거에는 교육률의 차이에 따라 교육을 더 많이 받은 남성이 그렇지 못한 여성보다 전문노동에 종사하는 비율이 컸지만, 교육률의 차이가 없는 현재에는 전문노동에 종사하는 남녀비율은 물론 단순노동에 종사하는 남녀비율 역시 유의미한 차이가 없어. 그러므로 남녀 간에 단위노동시간당 받는 임금의 차이는 존재하지 않아. 또한 각 사람의 계급은 소득에 의해 결정되고, 각 가구의 계급은 가구 내 구성원 중 사회적 지위가 가장 높은 사람에 의해서 결정되므로 가장 소득이 높은 자에 의해서 결정돼.

<보 기>

ㄱ. 어떤 가구의 소득이 그 가구의 구성원인 아내의 소득에 비례한다는 것에 을은 동의하지 않는다.

ㄴ. 어떤 가구의 계급이 아내에 의해서 결정된다는 사례는 갑을 약화하고, 병을 약화하지 않는다.

ㄷ. 현재에는 대부분의 경우 남편이 아내보다 노동시간이 더 많고, 가구의 계급은 대부분 아내에 의해서 결정된다면 병은 약화된다.

① ㄱ ② ㄷ ③ ㄱ, ㄴ
④ ㄴ, ㄷ ⑤ ㄱ, ㄴ, ㄷ

22. 다음 글에 대한 평가로 적절하지 않은 것은?

㉠ 플로지스톤 이론에 따르면 모든 가연성 물질은 플로지스톤이라는 입자를 가지고 있으며 물질이 연소할 때 플로지스톤이 빠져나가므로 물질의 질량이 감소한다. 나무나 종이가 타고 재가 될 때 무게가 줄어들거나 연소된 금속이 원래의 성질을 잃어버리고 부서지는 것을 설명하는 이 이론은 직관적이었으므로 18세기 말까지 과학자들 사이에서 널리 받아들여졌다.

하지만 이후 실험에서 통해 금속이 연소해 금속재가 될 경우 오히려 질량이 증가하는 현상이 발견되었고 학자 A는 이를 근거로 플로지스톤 이론을 반박하는 ㉡ 다음 논증을 제기했다. 플로지스톤 이론에 따르면 다른 물질과 마찬가지로 금속의 연소 과정에서도 플로지스톤이 빠져나가므로 금속재의 질량은 연소 전 금속의 질량보다 작아야 한다. 그러나 이는 연소 후 금속의 질량이 증가했다는 실험 결과와 모순되는 예측이다. 실험의 결과에도 불구하고 플로지스톤이 존재한다면 금속의 경우 플로지스톤이 음의 질량을 가지고 있거나 플로지스톤은 실제 물질이 아니라 비물질적인 원리에 가깝다는 매우 불합리한 주장을 펼쳐야 한다. 따라서 물질의 연소를 플로지스톤의 방출로 설명하는 이론은 옳지 않다.

그렇다면 학자 A는 물질의 연소에 따른 질량 변화를 어떻게 설명했을까? A에 따르면 연소 과정에서 공기 중에 존재하는 화소와 물질이 결합하므로 질량 변화가 발생한다. 플로지스톤 이론과 A의 이론의 가장 큰 차이점은 연소와 관련된 물질의 이동 방향이다. 플로지스톤 이론에서는 연소가 일어나면 플로지스톤이 가연성 물질에서 빠져나간다고 보았다면, A의 이론에서는 화소와 가연성 물질이 결합한다고 본 것이다. 즉, 화소와 물질이 결합한 연소생성물이 기체 중으로 방출된다면 질량이 감소하게 되고 고체 형태의 연소생성물이 원재료와 결합한다면 질량은 증가하게 된다. 더 나아가 A는 질량이 없는 유체 물질인 ㉢ 열소에 의해 열이 발생한다고 주장하기도 했다. 연소 과정에서 열소와 화소가 결합하며 방출되어야 함에 따라 열이 발생한다고 본 것이다.

① 연소 후 질량이 감소하는 금속이 발견된다면 ㉡에도 불구하고 ㉠은 약화되지 않는다.

② 암흑 물질을 음의 질량으로 설명하는 천문학의 연구 결과가 합리적으로 수용된다면 ㉡은 약화된다.

③ 모든 실존하는 물질은 질량을 가지고 있다는 주장이 타당하다면 ㉡의 논거에 의해 ㉢의 존재를 반박할 수 있다.

④ 완전한 진공 용기 내에서 연소 후 질량이 변하는 물질이 발견되더라도 ㉡은 약화되지 않는다.

⑤ 학자 A의 논증 이후 ㉠을 지지하는 과학자 집단에서 ㉢를 플로지스톤이라고 지칭하더라도 ㉡은 약화되지 않는다.

23. 다음으로부터 추론한 것으로 옳은 것만을 <보기>에서 있는 대로 고른 것은?

인간이 하는 모든 행위는 윤리적이거나 비윤리적이다. 만약 어떤 행위가 좋은 결과만을 가져오는 경우 그 행위를 할 수 있었는데도 하지 않은 것은 비윤리적이다. 그리고 나쁜 결과를 초래하지 않고서는 좋은 결과를 발생시킬 수 없는 상황에 처한 경우에는 어떠한 행위도 하지 않더라도 비윤리적인 것이 아니며, 어떠한 행위를 하는 경우 다음의 (1)~(3)의 조건을 모두 충족하는 행위만 윤리적이다.

(1) 행위는 선한 행위이거나 악하지 않은 행위여야 한다.
(2) 나쁜 결과를 의도하지 않아야 하고, 좋은 결과를 의도해야 한다.
(3) 좋은 결과는 나쁜 결과보다 가치가 작지 않아야 한다.

이때 악한 행위란 타인의 신체나 타인이 소유한 물건에 직접적인 물리력이나 접촉을 통해 해를 가하는 것만을 의미한다. 그리고 좋은 결과를 의도하지 않거나 나쁜 결과를 의도하는 행위는 (2)에 따라 윤리적인 행위가 될 수 없다. 그리고 모든 인간의 생명은 동등한 가치를 가지고, 한 인간 생명의 가치는 인간 생명의 가치 이외의 모든 가치를 합친 것과 동일한 가치를 지닌다.(단, 태아도 인간으로 본다.)

<사례>
○ 갑과 을이 독가스로 가득찬 방 X에 감금되어 있고, X에는 한 명만 쓸 수 있는 방독면이 있으며, X에서는 방독면을 쓴 사람만이 살 수 있다. 이 상황에서 ㉠갑은 자신이 살기 위해서 방독면을 썼고 그 결과 을이 사망하였다.
○ 병이 임신한 상태에서 암에 걸렸고, 정이 ㉡암을 제거하는 수술을 하면 암을 제거하는 동안 메스로 태아의 신체에 손상을 가할 수밖에 없으므로 태아가 상해를 입는다.

<보 기>

ㄱ. 갑이 을의 사망을 의도하지 않았다면 ㉠은 윤리적이다.
ㄴ. 정이 ㉡을 하지 않는 것은 비윤리적인 것이 아니다.
ㄷ. ㉡을 해야만 병이 살 수 있는 경우 정이 ㉡을 하는 것은 윤리적이다.

① ㄱ ② ㄷ ③ ㄱ, ㄴ
④ ㄴ, ㄷ ⑤ ㄱ, ㄴ, ㄷ

24. 다음 글에 대한 분석으로 적절한 것만을 <보기>에서 있는 대로 고른 것은?(단, 치료에 필요한 기능은 이익을 주는 기능이라고 본다.)

물건은 특정 용도로 사용되기 위해서 그 용도에 필요한 기능을 가지는데, 상당수의 물건은 본래의 용도에 필요한 기능 이외에 다른 용도로도 사용될 수 있는 기능이 있다. 한편 물건의 기능에는 자신 또는 타인에게 이로움을 주는 기능이나 해악을 주는 기능도 있고, 이로움과 해악을 모두 주지 않는 기능도 있다. 그러므로 타인에게 온전히 해악을 주는 기능만 가진 물건과 같은 것은 판매를 제한할 필요가 있다. 그렇다면 어떤 물건을 제한 없이 판매할 수 있을까? 이에 대해 다음의 이론이 있다.

A: 대부분의 물건에는 해악을 끼치는 기능과 이익을 주는 기능이 동시에 있는데 이러한 물건을 일부 사람들은 이익을 주는 기능을 사용하기 위해 구매할 수도 있다. 따라서 판매자가 이 같은 사람들에게 물건을 판매하지 않는 것은 불합리하다. 나아가 판매자는 구매자가 어떤 용도로 사용할지까지 고려할 필요는 없으므로 해악을 끼치는 기능만을 가진 물건을 제외한 어떤 물건도 자유롭게 판매할 수 있다.

B: 모든 사람은 타인의 이익을 해치지 않는 한 모든 행위를 할 수 있는 권리가 있기 때문에 물건을 구매한 자 이외의 타인에게 해악을 끼치는 물건 이외에는 모든 물건을 판매할 수 있다. 나아가 타인에게 해악을 끼치는 물건이더라도 그 물건에 타인에게 이익을 주는 기능이 있다면 그 물건이 가지는 총 기능이 해악보다 이익을 더 많이 주는 경우에는 그 물건을 판매할 수 있다.

C: 사회 구성원 중 한 명에게 이익이나 해악을 주는 것은 곧 사회 전체에 이익이나 해악을 주는 것이고, 사회 전체에 이익이나 해악을 주는 것은 사회 구성원 각자에게 이익이나 해악을 주는 것과 다름없다. 그리고 해악을 주는 기능을 가진 물건 중에 사람의 신체를 치료하는 데 필요한 기능을 같이 가진 물건이나 이익을 주는 기능만 있는 물건만 판매할 수 있다.

<보 기>

ㄱ. A는 C보다 판매할 수 있는 물건의 범위를 더 좁게 판단한다.
ㄴ. 마약이 구매자에게는 해악을 주는 기능만 있지만 극심한 육체적 고통을 겪는 환자들을 치료하는 데 필요한 경우 A와 C에 따르면 판매가 허용되지만, B에 따르면 판매가 허용되지 않을 수도 있다.
ㄷ. 어떤 물건이 다양한 기능을 가지고 있고, 그 기능 중 일부가 해악보다 이익을 더 많이 주는 경우 A와 B는 그 물건을 판매할 수 있다고 판단할 것이다.

① ㄱ ② ㄴ ③ ㄱ, ㄷ
④ ㄴ, ㄷ ⑤ ㄱ, ㄴ, ㄷ

25. 다음 글에 대한 분석으로 옳은 것만을 <보기>에서 있는 대로 고른 것은?

> 존재하는 모든 물체는 질량을 가지면서 공간을 차지하고 있는 물질로 이루어져 있다. 이 같은 물체에는 형상과 질료가 있는데 여기서 형상이란 물체가 가지는 모양이나 상태를 의미하고, 질료는 그 물체를 구성하는 재료를 말한다. 예를 들어 모든 그릇은 일정한 모양을 가지고 있으며 그것을 만드는 재료는 세라믹, 철, 플라스틱 등으로 다양하며 심지어 동일하게 철로 만들어졌더라도 각 그릇을 이루는 철도 다르다. 여기서 그릇의 모양을 형상이라 하고, 그릇을 구성하는 재료를 질료라고 한다. 형상은 다른 종류의 물체들을 특정 종류의 물체들로 구별해 주는 반면 그릇은 같은 종류의 물체들을 특정 개체로 구별해 준다. 예컨대 그릇의 형상은 젓가락이나 숟가락과 형상이 다르므로 형상은 그릇이라는 특정 종류의 물체를 젓가락이나 숟가락이라는 다른 특정 종류의 물체와 구별해 준다. 반면 같은 종류의 재료로 만든 그릇이더라도 여기에 놓인 철 원자 하나가 동시에 두 개의 그릇의 재료가 될 수 없는 것처럼 각 그릇을 구성하는 재료는 모두 다르기 때문에 질료는 어떤 그릇을 다른 그릇과 구별해 준다.
>
> 한편 모든 물체는 그 물체가 존재하는 목적을 가진다. 예를 들어 장인에 의해 그릇으로 만들어진 특정 흙은 그 자체 안에 이미 그릇의 형상을 지니고 있는데, 그 형상이 곧 그 흙의 목적이다. 다시 말해 그 흙덩어리는 그 자체로 질료와 덩어리라는 형상을 모두 지닌 복합체로 존재하다가 다른 형상인 그릇의 모양을 획득함으로써 그릇이 되는 것이다. 이때 흙덩어리를 가능적 존재, 그로부터 만들어진 그릇을 실체적 존재라고 한다.

<보 기>

ㄱ. 위 글은 다른 물체와 동일한 질료를 가진 물체는 존재하지 않는다고 전제한다.

ㄴ. 위 글은 비교되는 두 물체의 형상이 동일한 경우 그 두 물체는 종류가 동일하다는 것에 동의한다.

ㄷ. 위 글은 실체적 존재가 가능적 존재보다 시간적으로 앞서서 존재한다는 것에 동의하지 않는다.

① ㄱ ② ㄷ ③ ㄱ, ㄴ
④ ㄴ, ㄷ ⑤ ㄱ, ㄴ, ㄷ

26. 다음 글에 대한 평가로 옳은 것만을 <보기>에서 있는 대로 고른 것은?

> 언어가 학습을 통해서 획득된다고 보는 사람들에 따르면 특정 언어의 문장이나 단어는 학습을 통해서 획득되고, 그 언어를 구사하는 능력은 학습 능력에 비례한다. 또한 학습 능력은 나이가 들수록 낮아진다. 만약 이것이 사실이라면 배우지 않은 단어나 문장을 사용하는 것은 불가능해진다. 그러나 여러 가지 사례로 볼 때 언어는 선천적으로 그 능력을 가지고 태어나는 것이다. 모든 사람은 선천적으로 언어 습득에 특화된 신경회로 N을 가지고 있는데, 이 회로는 언어를 배우는 데만 사용된다. 그러나 처음부터 특정 언어를 배우기 위한 회로가 존재하는 것은 아니다. 즉 한국어를 사용하는 환경에 노출된 사람은 N이 한국어를 습득하는 것에만 특화되고 영어를 사용하는 환경에 노출된 사람은 N이 영어를 습득하는 것에만 특화된다. 다시 말해 언어는 단어나 문장을 외워서 사용하는 것처럼 학습되는 것이 아니고 모든 사람들이 이미 언어를 구사할 수 있는 능력을 가지고 태어나며 N이 작동하는 경우 그 능력을 사용할 수 있다. 이러한 N의 성능은 사람마다 다르고, N의 성능이 높아질수록 언어를 구사할 수 있는 능력이 높아지기 때문에 언어를 구사하는 능력은 사람마다 차이를 보이게 된다.
>
> 특정 언어 환경에 노출된 아이의 경우 N이 그 언어에 맞춰져서 작동하게 되면 그 언어의 문법적으로 올바른 표현들을 무한정 만들어 낼 수 있게 된다. 즉 특정 언어의 일부 문장과 단어를 접하게 되면 N이 그 언어에 맞게 회로를 조정하게 되고 이 과정이 끝나면 N이 작동해 해당 언어의 문장을 지속적으로 만들어낼 수 있게 된다. 그리고 나이가 들어감에 따라 N의 성능은 낮아지게 된다. 만약 언어가 학습되는 것이라면 이와 같이 배우지 않은 단어나 문장을 사용하는 것은 불가능하다. 한편 N이 작동을 하기 위해서는 만 3세~만 5세 사이의 특정 시기에 언어 환경에 노출되어야 하고, 그 시기에 언어 환경에 노출되지 않았다면 어떠한 경우에도 N은 작동되지 않는다.

<보 기>

ㄱ. 언어를 구사하는 능력이 나이가 들수록 감소한다면 위 글은 강화된다.

ㄴ. 다른 모든 조건이 동일한 경우 만 7세가 되어서야 언어 환경에 노출된 A는 만 9세가 되어서야 언어 환경에 노출된 B보다 언어를 구사할 수 있는 능력이 높았다면 위 글은 강화된다.

ㄷ. 사람들에게 이미 습득한 언어의 한 번도 배운 적이 없는 문장을 구사할 수 있는 능력이 있다면 위 글은 강화된다.

① ㄱ ② ㄷ ③ ㄱ, ㄴ
④ ㄴ, ㄷ ⑤ ㄱ, ㄴ, ㄷ

27. 다음 논증에 대한 평가로 옳은 것만을 <보기>에서 있는 대로 고른 것은?(단, 후원금액의 한도를 초과하는 후원금은 불법정치자금이다.)

> T국에서는 정치인들이 무분별하게 정치자금을 모금하자, 이를 제한하기 위해서 2021년 1월부터 각 기업이나 단체 등이 정치인에게 후원하는 금액을 기존 제도의 1/3로 제한하는 제도 P를 시행하였다. 이에 따라 P에 부합하지 않는 정치자금은 모두 불법정치자금으로 규정되었다. P가 시행됨으로 인해 불법정치자금이 증가할 것이라는 주장이 있다. 그 근거는 다음과 같다.
>
> 첫째, 기업의 손해나 이익에는 정치인들의 의사에 따라 시행되는 정책이 매우 큰 영향을 미치기 때문에 대부분의 기업들은 후원금을 줄일 경우 기업에 불리한 정책을 시행할 것을 우려하여 후원금을 줄이지 않을 것이다.
>
> 둘째, 정치인들은 P의 시행으로 인해 자신들의 정치자금이 부족해질 것을 우려하여 지금까지 후원금을 받은 기업 중에 믿을만한 소수의 기업을 선별하여 기존보다 더 많은 후원금을 요구할 것이고, 그 요구에 기업은 응할 것이다.
>
> 셋째, 정치인들은 자신을 지지하는 사람들에게 P로 인해 정치자금이 부족해지면 선거에서 이기기 힘들다는 것을 피력하고, 이에 따라 사람들은 자신이 지지하는 정치인이 선거에서 낙선할 것을 우려하여 기존보다 더 많은 불법 정치자금을 후원할 것이다.

<보 기>

ㄱ. 개인이 정치인에게 주는 후원금액의 한도를 설정하는 제도가 없다면 이 논증은 약화된다.

ㄴ. 각 정치인에게 후원하는 기업들의 평균 후원금이 2020년보다 2021년에 더 많아졌다면 이 논증은 강화된다.

ㄷ. 대부분의 기업들이 2021년 이전부터 P에 따라 제한되는 후원금보다 더 많은 금액의 후원금을 내고 있었다면 이 논증은 약화된다.

① ㄱ ② ㄷ ③ ㄱ, ㄴ
④ ㄴ, ㄷ ⑤ ㄱ, ㄴ, ㄷ

28. 다음 글에 대한 평가로 옳은 것만을 <보기>에서 있는 대로 고른 것은?

> 정부가 건설과 같은 국가사업을 할 때, 사업을 진행할 업체를 선정하기 위해 입찰 경매를 진행한다. 이때 정부는 건설사의 정보를 완벽하게 파악할 수 없기에 건설사는 정부의 이익과 상충하는 행동을 취할 수 있다. 일례로 다음과 같이 ㉠ 건설사들이 지속적으로 입찰 담합을 벌여왔다는 주장이 있다.
>
> 정부는 건설사를 선정하는 과정에서 여러 요소를 고려하지만, 나머지 요소가 동일할 때 입찰한 가격, 즉 정부 입장에서의 비용이 저렴한 건설사를 선호한다. 반면 건설사는 같은 사업을 진행하더라도 최대한 높은 가격을 받고자 하지만, 높은 가격을 입찰하면 다른 건설사들의 낮은 가격에 밀려 경매에서 탈락할 위험에 놓이게 된다. 이에 대응하고자 건설사들은 서로 공모하여 경매의 승자를 내정하고, 사업으로부터의 수익을 분배받거나 다음 경매는 양보하기로 약속한다. 정부는 건설사의 기술력이나 자산에 대한 정보가 건설사보다 훨씬 적기에 높은 입찰 가격이 공모된 결과인지 아닌지 판단하기 힘들다.

<보 기>

ㄱ. 동일한 건설사가 유사한 규모의 사업을 진행할 때 민간 업체로부터 받은 금액이 국가사업 입찰 경매에 입찰한 금액보다 대체로 높다는 조사 결과는 ㉠을 약화한다.

ㄴ. 사업을 진행한 이후 실제로 지출된 비용을 검토해 최종적으로 정부가 지급할 금액을 다시 결정하도록 제도가 바뀐 후에도 동일한 건설사가 입찰하는 가격이 비슷하다는 조사 결과는 ㉠을 강화한다.

ㄷ. 제도를 도입한 이후에 발생한 입찰 담합을 자진해서 신고하는 경우 담합으로 인한 과징금을 면제시켜 주는 새로운 제도를 도입한 후 신고 건수가 거의 없다는 조사 결과는 ㉠을 강화한다.

① ㄱ ② ㄴ ③ ㄱ, ㄷ
④ ㄴ, ㄷ ⑤ ㄱ, ㄴ, ㄷ

29. 다음 글에 대한 평가로 옳은 것만을 <보기>에서 있는 대로 고른 것은?

㉠ 기대효용이론에 따르면 사람들은 자신의 기대효용을 극대화하는 선택을 내린다. 즉, 선택지를 골랐을 때 발생할 수 있는 모든 결과에 대해 그 결과가 발생할 확률과 발생했을 때의 효용을 곱한 값을 계산하고 그 값들을 합한 값이 가장 큰 선택지를 고르는 것이다. 예를 들어 0.8의 확률로 2의 효용을 얻고, 0.2의 확률로 7의 효용을 얻는다면 이때의 기대효용은 0.8*2+0.2*7=3이다. 기대효용이론에서는 현재의 상태와는 무관하게 효용을 계산하기 때문에 위험에 대한 태도가 일정하다고 가정한다. 그러나 이에 반대되는 주장이 최근 제기되었다. ㉡ 전망이론에 따르면 사람들은 현재의 상태를 기준점으로 인식해 손해를 보는 상황에서는 위험선호적으로 행동하고, 이득을 얻을 수 있는 상황에서는 위험기피적으로 행동한다. 가령 이득을 얻는 상황에서는, 불확실하지만 큰 금액을 얻을 수도 있는 상황보다 확실하지만 적은 금액을 얻는 상황을 더 선호한다. 위 두 이론을 검증하기 위해 다음과 같은 실험을 다수의 참가자에게 독립적으로 실시한다.

<실험>

각 참가자는 아래 정보를 바탕으로 L1과 L2 중 어떤 것을 고를지, N1과 N2중 어떤 것을 고를지 결정한다. 그 후 각 참가자는 A~C 중 임의로 선택된 한 상황에서 그에 따른 참가비를 받고 선택을 내린 후 확률에 따라 돈을 더 받거나 잃는다.(단, 참가자들의 효용은 돈의 액수에 따라 증가하지만 각각의 금액에 대해 정확히 얼마만큼의 효용을 얻는지는 알 수 없다.)

[선택1]

L1 : 1의 확률로 3,000원을 얻는다.
L2 : 0.8의 확률로 4,000원을 얻고, 0.2의 확률로 아무것도 못 얻는다.

[선택2]

N1 : 1의 확률로 3,000원을 잃는다.
N2 : 0.8의 확률로 4,000원을 잃고, 0.2의 확률로 아무것도 잃지 않는다.

상황	A	B	C
참가비	0	1,000원	5,000원

<보 기>

ㄱ. A가 선택된 상황에서 참가자 대부분이 L1과 N2를 골랐다면 ㉡은 약화되지 않는다.

ㄴ. 참가자들이 참가비를 받기 전을 기준점으로 인식한다면 ㉡은 참가자 대부분이 A와 B에서 다른 선택을 할 것이라 예상한다.

ㄷ. 참가자들이 참가비를 받기 전을 기준점으로 인식한다면, ㉠과 ㉡ 모두 참가자 대부분이 C에서 L1과 N1을 고를 것이라 예상한다.

① ㄱ　② ㄷ　③ ㄱ, ㄴ
④ ㄴ, ㄷ　⑤ ㄱ, ㄴ, ㄷ

30. 다음으로부터 추론한 것으로 옳은 것만을 <보기>에서 있는 대로 고른 것은?

크기와 모양이 동일한 1번부터 10번까지 총 10개의 상자가 아래 그림과 같이 쌓여 있다.

위	1번	2번
	3번	4번
	5번	6번
	7번	8번
아래	9번	10번

각 상자에는 A, B, C, D, E, F, G의 7개 카드 중 한 장이 들어 있거나 비어 있다. 이와 관련하여 다음의 정보가 알려져 있다.

- B, C, D는 A와 E보다 아래쪽에 있다.
- 1번부터 4번까지의 상자 중에 비어 있는 상자는 없다.
- F는 A보다 위쪽에 있고, G가 들어 있는 상자의 바로 아래 상자에는 D가 들어 있다.
- B와 G는 홀수 번호의 상자 안에 들어 있고, C와 E는 짝수 번호의 상자 안에 들어 있다.

<보 기>

ㄱ. E는 A보다 위쪽에 있다.

ㄴ. 10번 상자에는 C가 들어 있지 않다.

ㄷ. 7번, 8번, 9번 상자 중 적어도 하나는 비어 있다.

① ㄱ　② ㄴ　③ ㄱ, ㄷ
④ ㄴ, ㄷ　⑤ ㄱ, ㄴ, ㄷ

31. 다음으로부터 추론한 것으로 옳은 것은?

아래의 그림과 같이 2개의 행과 4개의 열로 구분된 8개의 구역에 A, B, C, D의 4종류의 카드가 각 종류별로 2개씩 총 8개가 있다. 카드는 각 종류별로 검은색과 흰색 카드가 한 장씩 있고 각 구역별로 한 장의 카드만 있다. 이때 두 개의 구역이 한 변을 공유하는 경우 해당 구역은 인접한다고 정의된다. 예를 들어 1구역은 2구역, 5구역과 각각 인접한다. 이 카드들에 대하여 다음이 성립한다.

	1열	2열	3열	4열
1행	1	2	3	4
2행	5	6	7	8

○ 1행에는 A카드가 없고, 2열에는 B카드가 없다.
○ 3열에는 흰색 카드가 없고, 4열에는 검은색 카드가 없다.
○ B카드는 1행과 2행에 각각 하나씩 있다.
○ C카드는 모두 A카드와 인접한다.
○ 6구역에는 D카드가 있다.

① 1구역에는 D가 있다.
② 2구역에는 C가 있다.
③ 2행에 C가 한 개 있다.
④ 1구역에 있는 카드가 검은색이라면 2구역에 있는 카드는 흰색이다.
⑤ 2구역에 있는 카드가 흰색이라면 6구역에 있는 카드는 검은색이다.

32. 다음으로부터 추론한 것으로 옳은 것만을 <보기>에서 있는 대로 고른 것은?

L기업은 영업에 사용할 차량으로 8대(A, B, C, D, E, F, G, H)의 차량 중에 3대를 선정하기로 했다. 그리고 각 차량별로 가격, 연비, 성능의 3가지 항목이 평가되었는데, 각 항목은 평가가 좋은 등급부터 순서대로 1등급, 2등급, 3등급, 4등급으로 구분되었다. 그리고 각 등급별로 부여되는 최종 점수는 가격 항목의 경우 1등급은 7점, 2등급은 5점, 3등급은 3점, 4등급은 1점이 각각 부여된 반면, 연비와 성능 항목의 경우 1등급은 4점, 2등급은 3점, 3등급은 2점, 4등급은 1점이 각각 부여되었다. 그리고 이 같은 과정에 따라 획득한 최종 점수합이 가장 큰 3대가 영업에 사용할 차량으로 선정된다. 이와 관련하여 다음의 정보가 있다.

○ 가격, 연비, 성능 항목 중 동일한 등급을 받은 차량은 없다.
○ A, B, C, D는 가격 항목에서 2등급을 받았고, E, F, G, H는 연비 항목에서 1등급을 받았다.
○ 성능 항목에서는 5대의 차량이 3등급을 받았고, 3대의 차량이 1등급을 받았다.
○ A와 B 중에 한 대가 선정되었고, E, F, G 중에 두 대가 선정되었다.
○ B와 F는 1개의 항목에서 4등급을 받았고, A는 연비 항목에서 1등급을 받았다.

<보 기>

ㄱ. F는 선정되지 않았다.
ㄴ. E는 4등급을 받지 않았다.
ㄷ. C와 D는 성능 항목에서 1등급을 받았다.

① ㄱ ② ㄷ ③ ㄱ, ㄴ
④ ㄴ, ㄷ ⑤ ㄱ, ㄴ, ㄷ

33. 다음으로부터 추론한 것으로 옳은 것만을 <보기>에서 있는 대로 고른 것은?

다음과 같이 7개의 상자(1번~7번 상자) 안에 구슬이 한 개씩 들어 있다. 이들 상자에 들어 있는 7개의 구슬의 색은 빨간색, 파란색, 노란색 중 하나이고 각 색깔별로 적어도 1개 이상의 구슬이 있으며, 각 색깔별로 있는 구슬의 개수는 모두 다르다.

1	2	3	4	5	6	7

다음 진술 중 네 개는 참이고 한 개는 거짓이다.

A: 1번과 3번 상자에 파란색 구슬이 들어 있다.
B, 4번과 5번 상자에 노란색 구슬이 들어 있다.
C: 5번 상자에 노란색 구슬이 들어 있고, 1번 상자에 파란색 구슬이 들어 있다.
D: 3번 상자에 파란색 구슬이 들어 있고, 2번 상자에 노란색 구슬이 들어 있다.
E: 6번과 7번 상자에 빨간색 구슬이 들어 있다.

<보 기>

ㄱ. 1번 상자에는 노란색 구슬이 없다.
ㄴ. 2개의 상자 안에 파란색 구슬이 들어 있다.
ㄷ. 6번과 7번 중 적어도 한 개의 상자안에 빨간색 구슬이 들어 있다.

① ㄱ ② ㄷ ③ ㄱ, ㄴ
④ ㄴ, ㄷ ⑤ ㄱ, ㄴ, ㄷ

34. 다음 <이론 X>와 [실험]에 대한 평가로 옳은 것만을 <보기>에서 있는 대로 고른 것은?

<이론 X>

사람들의 주의력은 상황에 따라서 유동적으로 변한다. 특히 주어진 목표가 있는 경우 그 목표를 달성하기 위한 행동(‘주행동’이라 한다)에 주의력을 집중하게 되고, 주행동에 주의력을 집중할수록 그 이외의 행동(‘보조행동’이라 한다)에 필요한 주의력을 빼앗긴다. 그리고 특정 행동에 주의력을 더 많이 집중할수록 그 행동에 따른 결과의 성취도가 높아지므로 주행동에 주의력을 집중할수록 보조행동에 필요한 것들을 달성하는 것이 더 어려워진다. 나아가 사람들은 자신에게 주어진 목표를 완수하는 데 주어진 시간이 부족해지거나 적어질수록 그 목표를 달성하기 위한 주행동에 주의력을 더 많이 집중하게 된다.

[실험]

실험 참가자들을 무작위로 선정하여 A와 B 그룹으로 분류한 다음 A에는 책 P, B에는 책 P와 R을 각각 지급하였다. 각 그룹의 구성원들에게 자신에게 지급된 책을 특정일인 S일 14시부터 21시까지 7시간 동안 ㉠ 공부하도록 한 후에 같은 날 21시부터 22시까지 1시간 동안 자신이 지급받은 책의 내용과 관련한 시험을 보게 하였다. 이외에도 A와 B 그룹 구성원 모두에게 공부를 하는 동안 ㉡ 책정리에 필요한 행동을 하도록 하였다.(단, 자신에게 지급된 책을 공부하는 것은 주행동이고, 책정리에 필요한 행동은 보조행동이라고 간주한다.)

<보 기>

ㄱ. A 구성원의 경우 S일 15시보다 S일 20시에 ㉠에 따른 결과의 성취도가 더 높았다면 X는 약화된다.
ㄴ. 다른 모든 조건이 동일한 경우 A 구성원보다 B 구성원에서 ㉡에 따른 결과의 성취도가 더 높았다면 X는 약화된다.
ㄷ. 다른 모든 조건이 동일한 경우 ㉠에 따른 정보의 습득량이 A 구성원보다 B 구성원이 더 적었다면 X는 강화된다.

① ㄱ ② ㄴ ③ ㄱ, ㄷ
④ ㄴ, ㄷ ⑤ ㄱ, ㄴ, ㄷ

35. 다음 <견해>에 대한 분석으로 옳은 것만을 <보기>에서 있는 대로 고른 것은?

<견해>

갑: 진통을 줄이는 데 사용되는 약물 L은 고혈압을 유발한다. 최근 P연구팀에서는 L을 복용하는 사람과 복용하지 않은 사람을 피실험자로 하여 혈압을 5년 간 관찰을 하였는데 그 결과 일주일에 3알 이상의 L을 복용한 사람은 5년 전보다 평균 혈압이 25mmHg가 상승하였고, 일주일에 1알~2알을 복용한 사람은 1년 전보다 평균 혈압이 15mmHg가 상승한 반면 L을 복용하지 않은 사람은 평균 혈압이 5mmHg이 증가하였다. L을 복용하지 않은 사람들의 혈압이 증가한 것은 연령에 따른 것으로, 분석할 때 L을 복용한 사람들은 최소 혈압이 10mmHg 최대 혈압이 20mmHg까지 혈압이 상승했으므로 L의 복용량과 혈압이 비례한다는 것을 알 수 있다.

을: P연구팀의 관찰 결과는 피실험 대상자를 무작위로 선정하지 않은 것에서 비롯된 오류이다. 즉 연령이 증가할수록 복용하는 진통제 L의 양이 증가하므로 L을 많이 복용한 사람일수록 5년 간 혈압이 더 많이 오른다고 관찰된 것일 뿐, 혈압의 상승은 L의 복용량이 아닌 연령의 증가와 관련이 있다.

병: J연구팀에서는 무작위로 L을 복용하는 사람과 복용하지 않은 사람을 피실험자로 선정하여 2년간 관찰한 결과 L의 복용한 사람과 복용하지 않은 사람 간에 유의미한 혈압 상승의 차이는 확인되지 않았다. 그러나 관찰한 피실험자들을 매주 운동을 10시간 이상 하는 사람, 10시간 미만 2시간 이상 하는 사람, 2시간 미만의 운동을 하는 사람으로 구분하여 조사한 결과 운동량이 많은 사람일수록 혈압이 상승하는 폭이 감소하였다. 이를 통해서 혈압은 대체로 연령이 증가할수록 높아지고 L에 따른 혈압 상승의 효과는 제한적으로 나타날 것이다.

<보 기>

ㄱ. J연구팀의 관찰결과는 갑의 견해를 약화한다.

ㄴ. 무작위로 선정된 집단을 대상으로 연령과 혈압만을 조사한 결과 두 요인이 정비례했다는 것은 갑에 대한 을의 비판을 약화한다.

ㄷ. L을 복용하지 않은 사람은 L을 복용한 사람보다 운동시간이 많았다는 실험결과는 병의 견해를 강화한다.

① ㄱ ② ㄷ ③ ㄱ, ㄴ
④ ㄴ, ㄷ ⑤ ㄱ, ㄴ, ㄷ

36. 다음 견해에 대한 평가로 옳은 것만을 <보기>에서 있는 대로 고른 것은?

20세기 중반 천문학자들은 멀리 떨어져 있는 은하들이 서로 멀어지며, 멀어지는 속도는 그 은하들 사이의 거리가 멀수록 빨라진다는 사실을 알아냈다. 이는 다음과 같이 우주가 어떤 구조와 형태를 가지는지와 관련된 논쟁을 불러왔다.(단, 우주를 구성하는 각각의 물질이 공간을 차지하는 비율은 변하지 않는다고 가정한다.)

갑: 멀리 있는 은하들이 우리은하로부터 점점 더 멀어지고 있으며 이는 우주가 지속적으로 팽창해왔다는 것을 말해 준다. 즉 우주는 처음에 우주를 구성하는 모든 것들이 원자 크기의 공간에 밀집되어 있다가 어떤 사건에 의해 대폭발을 일으켰고 그 이후 우주를 구성하는 모든 것들이 계속 멀어지고 있는 것이다.

을: 방대한 우주의 물질이 원자수준의 작은 공간에 모여 있는 것은 불가능하다. 우주는 시간적으로 무한히 오래되었고 또 현재 팽창하는 것도 사실이다. 그러나 은하와 은하가 서로 멀어질 때 이를 상쇄하기 위해 물질이 연속적으로 계속 생성되고 그 물질이 새로운 은하를 형성해 왔기 때문에 우주 전체의 평균 밀도는 항상 일정하게 유지된다.

병: ㉠ 물질은 질량을 가지면서 공간의 일부를 차지하고 있다. 그리고 T이론에 따를 때 ㉡ 에너지와 물질은 서로 변환이 가능하고, 에너지는 질량을 가지지 않으면서 공간을 차지하지 않는다.

<보 기>

ㄱ. 우주의 크기는 유한하고, 우주가 존재하는 동안 지속적으로 팽창해왔다는 주장은 을의 견해를 약화한다.

ㄴ. 시간이 경과할수록 우주에 있는 은하와 은하 사이의 빈 공간이 커진다는 사실은 갑의 견해를 강화하고, 을의 견해를 약화한다.

ㄷ. ㉠과 ㉡을 받아들이는 경우, 우주의 밀도를 우주 공간에서 물질이 차지하는 비율로 정의한다면 지금까지 우주의 밀도가 일정하게 유지됐다는 주장으로는 갑의 견해를 반박하지 못한다.

① ㄱ ② ㄷ ③ ㄱ, ㄴ
④ ㄴ, ㄷ ⑤ ㄱ, ㄴ, ㄷ

37. 다음 글에 대한 평가로 옳은 것만을 <보기>에서 있는 대로 고른 것은?

> 연구팀에서 P종 쥐의 노화는 유전자 A나 B 중 하나의 유전자의 작용에 의해서 일어나고 돌연변이가 발생한 유전자는 어떠한 작용도 하지 못한다는 사실을 밝혀냈다. 이에 연구팀에서는 A가 돌연변이일 때 노화가 일어나지 않는다는 <가설1>과 B가 돌연변이일 때 노화가 일어나지 않는다는 <가설2>를 세우고 이를 증명하기 위해 A에만 돌연변이를 일으키는 약물 C와 B에만 돌연변이를 일으키는 약물 D를 이용하여 실험을 진행하였다. 실험에 앞서 연구팀은 P종 쥐를 다음과 같이 4개의 그룹으로 분류하였다.
>
> (1) A와 B가 모두 정상인 쥐
> (2) A가 정상이고 B가 돌연변이인 쥐
> (3) B가 정상이고 A가 돌연변이인 쥐
> (4) A와 B가 모두 돌연변이인 쥐
>
> 그런 다음 위의 (1)~(4)의 그룹의 쥐를 각 그룹별로 ㉠ C와 D를 모두 주입한 쥐, ㉡ C만 주입한 쥐, ㉢ D만 주입한 쥐, ㉣ C와 D를 모두 주입하지 않은 쥐로 다시 분류하고 노화가 진행되는지 관찰하였다.

<보 기>

ㄱ. (1)의 ㉡과 ㉣에서 노화가 일어났다면 <가설2>는 강화된다.

ㄴ. (2)와 (3)의 ㉢에서 노화가 일어나지 않았다면 <가설1>은 약화되고 <가설2>는 강화된다.

ㄷ. (4)의 ㉠과 ㉣에서 노화가 일어나지 않았다면 <가설1>은 강화되지 않는다.

① ㄱ ② ㄷ ③ ㄱ, ㄴ
④ ㄴ, ㄷ ⑤ ㄱ, ㄴ, ㄷ

38. 다음으로부터 추론한 것으로 옳은 것만을 <보기>에서 있는 대로 고른 것은?

> 표준모형에 따르면 양성자나 중성자와 같은 핵자는 더 이상 쪼갤 수 없는 기본입자인 쿼크로 이루어져 있다. 쿼크는 세대별로 1세대인 U쿼크와 D쿼크, 2세대인 C쿼크와 S쿼크, 3세대인 T쿼크와 B쿼크로 구분되고 이들 6개의 쿼크 중에 동일한 질량을 가진 쿼크는 없다. 특히 쿼크 중에 가장 무거운 쿼크는 T쿼크로서 그 질량은 B쿼크의 40배이다. 그리고 가장 가벼운 쿼크는 U쿼크로서 모든 핵자들은 적어도 한 개 이상의 U쿼크를 포함한다. 또한 모든 쿼크는 기본 전하량 e의 분수 배만큼의 전하를 가지고 있다. 즉 U쿼크, C쿼크, T쿼크의 전하는 각각 2/3e인 반면 D쿼크, S쿼크, B쿼크의 전하는 각각 -1/3e이다. 이때 핵자는 자신을 구성하는 쿼크가 가진 전하의 합에 해당하는 전하를 가진다. 예컨대 3개의 S쿼크와 한 개의 U쿼크로 구성된 핵자가 가진 전하는 3개의 S쿼크의 전하의 합인 -1e에서 U의 전하 2/3e를 더한 -1/3e가 된다.
>
> 한편 양성자의 전하는 1e이고 중성자의 전하는 0e이며 양성자와 중성자 모두 3개의 쿼크로 구성되어 있다.

<보 기>

ㄱ. 중성자를 구성하는 쿼크 중에는 C쿼크가 없다.

ㄴ. 만약 모든 핵자가 1세대 쿼크로만 구성되었다면, 중성자는 양성자보다 더 무겁다.

ㄷ. 만약 6종의 쿼크 중 B쿼크가 두 번째로 무겁다면, 두 개의 D쿼크와 두 개의 C쿼크로만 구성된 소립자의 질량은 T쿼크보다 10배 이상 가볍다.

① ㄱ ② ㄷ ③ ㄱ, ㄴ
④ ㄴ, ㄷ ⑤ ㄱ, ㄴ, ㄷ

39. 다음으로부터 추론한 것으로 옳은 것만을 <보기>에서 있는 대로 고른 것은?

> 포유류는 신체 표면에 상처가 발생하면 혈액유출을 막기 위해서 피브린(혈액응고 시에 형성되는 섬유상의 단백질) 속에 혈구가 엉켜서 덩어리를 형성하는 혈액응고작용이 발생한다. M종 포유류의 혈액응고는 제1경로와 제2경로에 의해서만 일어나는데 두 경로에 의한 혈액응고 모두 피브린이 형성되면 발생한다. 피브린이 형성되기 위해서는 FB인자가 활성화되어야 하고, FB인자가 활성화되면 피브린이 형성된다. 제1경로는 신체 내부나 표면에 상처가 발생하면 그 발생 부위의 조직 전체에서 TS인자가 분비되면서 시작되며, TS인자가 분비되면 PC인자, PC인자가 활성화되면 SP인자가 각각 활성화된다. 제2경로의 경우 혈관이 손상되면서 유출된 혈액 내에 있던 P효소가 손상된 혈관 주변의 조직에 있던 HG인자와 접촉하면서 시작된다. HG인자와 P효소가 접촉하면 BC인자, BC인자가 활성화되면 CM인자, CM인자가 활성화되면 CO인자, CO인자가 활성화되면 SP인자가 각각 활성화된다. 이때 SP인자가 활성화되는 경우 AC인자가 활성화되고, AC인자가 활성화되면 FB인자가 활성화된다.
>
> 한편 M종 포유류의 13번 염색체 내에 있는 유전자 X에 돌연변이가 발생하면 CM인자가 활성화될 수 없고, 7번 염색체 내에 있는 유전자 Y에 돌연변이가 발생하면 AC인자가 활성화될 수 없다. 단, 각 인자가 활성화되면서 다른 인자를 활성화하는 데까지 걸리는 시간은 모두 동일하고 SP인자를 활성화시키는 요인은 두 개이며 그 이외의 각 인자를 활성화시키는 요인은 한 개만 존재한다.

<보 기>

ㄱ. 신체 표면 중 혈관 이외의 조직에만 상처가 발생한 경우 제1경로에 의한 혈액응고작용 과정만 시작된다.

ㄴ. X에 돌연변이가 발생한 M종 포유류는 정상인 M종 포유류와 혈액응고에 필요한 피브린이 형성되는 시간이 동일하다.

ㄷ. Y에 돌연변이가 발생한 M종 포유류에서는 상처가 발생해도 혈액응고작용이 일어나지 않는다.

① ㄱ ② ㄷ ③ ㄱ, ㄴ
④ ㄴ, ㄷ ⑤ ㄱ, ㄴ, ㄷ

40. 다음 글에 대한 평가로 적절한 것만을 <보기>에서 있는 대로 고른 것은?

> 1950년대에는 한 개체의 기억이 다른 개체로 이전될 수 있는지에 대해서 논쟁이 있었다. 즉 어떤 학자들은 ㉠ 기억은 물질이기 때문에 기억 물질을 흡수한 개체는 그 물질에 해당하는 기억을 가지게 된다고 보는 반면 다른 학자들은 ㉡ 기억은 일반적인 분자나 원자와 같은 물질로 이루어진 구조 그 자체이기 때문에 그 물질을 흡수하더라도 구조를 흡수할 수 없으므로 기억은 이전될 수 없다고 본다. 이 논쟁을 해결하기 위해 생물학자 갑은 재생능력이 뛰어나서 몸을 여러 조각으로 분리해도 각 조각이 하나의 개체로 성장하는 플라나리아를 이용하여 실험을 진행하였다. 먼저 갑은 플라나리아 P에 빛이 깜박이고 2초 뒤에 전기 충격을 주는 과정을 반복하여 빛이 깜박이면 몸을 움츠리는 행동을 하도록 만들었다. 이후 P를 머리, 몸통, 꼬리의 세 부분으로 분리하여 각 부분을 재생시킨 다음 재생된 세 개의 개체에 빛을 깜박여 보았다. 그리고 이들 세 개의 개체를 각각 아무런 훈련도 하지 않은 세 개의 플라나리아에게 각각 먹였다.
>
> 한편 갑의 실험을 듣고 그의 동료인 을이 추가로 다음의 실험을 진행하였다. 을은 먼저 플라나리아의 먹이에 조명을 쏘아 플라나리아 R에게 빛이 있는 곳에 먹이가 있음을 학습시킨 다음 R의 머리를 절단하여 재생하였다. 그런 다음 재생된 해당 개체를 X지점에 놓고 Y지점에 있는 먹이에 빛을 조사하여 ㉢ 해당 개체가 먹이를 찾는 데까지 걸린 시간을 측정하였다. 한편 이와 동일한 방식으로 ㉣ 아무런 학습도 하지 않은 플라나리아가 먹이를 찾는 데 걸린 시간을 측정하였다.

<보 기>

ㄱ. P의 꼬리로부터 재생된 개체가 빛이 깜박이면 몸을 움츠리는 행동을 했다면 ㉠은 약화되지 않고 ㉡은 약화된다.

ㄴ. P로부터 재생된 개체 중 빛이 깜박이면 몸을 움츠리는 개체를 먹은 개체만 빛이 깜박이면 몸을 움츠리는 행동을 했다면 ㉠은 강화되고 ㉡은 약화된다.

ㄷ. ㉢보다 ㉣이 더 길었다면 ㉠은 강화되고 ㉡은 약화된다.

① ㄱ ② ㄴ ③ ㄱ, ㄷ
④ ㄴ, ㄷ ⑤ ㄱ, ㄴ, ㄷ

* 확인사항

○ 문제지와 답안지의 해당란에 필요한 내용을 정확하게 표기했는지 확인하십시오

LEET의 기준
'본시험'에 강한 법률저널 LEET

내 시험장서 보는
'실전연습'의 정석

더욱 치열해진 LEET 경쟁률
'실전'에 강한 법률저널 LEET가 답

Your Path to LEET Success!

2025학년도 법률저널
LEET 전국모의고사

2025학년도 법률저널 LEET 신청 BIG EVENT

1. 10세트 패키지 파격할인
10세트 패키지 신청 시,
10세트 ~~800,000원~~ → **560,000원**(10세트 패키지 30%↓)
10세트 일괄 신청해야 하며, 논술(2만원)은 할인 제외
신청 기한 : 2024. 3. 16.(토) 자정까지
※ 회당 응시료 80,000원(온·오프 동일)/제10회 100,000원(논술 포함)
(고물가 시대에도 응시자 부담 최소화하기 위해 응시료 동결)

2. 최근 10년치(2015~2024) 기출문제 접지형 시험지 증정
제1회 응시자 전원에게 '최근 10년치(2015~2024) 기출문제 접지형 시험지' 증정
* 현장 응시자는 현장서 수령, 온라인 응시자는 택배 배송
* 취소할 경우 시험지값(3만원) 공제 후 환불/수령 후 반품 불가

현장 응시자 중 200명 '책상 컵홀더 거치대' 증정(선착순 결제자 순)
* 취소할 경우 컵홀더 거치대값(7천원) 공제 후 환불/수령 후 반품 불가

3. 7세트 패키지 응시료 할인
7세트 일괄 신청 시,
7세트 ~~560,000원~~ → **448,000원**(7세트 패키지 20%↓)
10회 포함할 경우, 논술 응시료(2만원) 추가됨
신청 기한 : 2024. 5. 11.(토) 자정까지

4. 장학금 회차 패키지 신청 이벤트
제6회~제10회(장학생 선발 회차) 일괄 신청 시,
~~400,000원~~ → **380,000원**(장학금 회차 10%↓)
논술은 할인 적용 제외
신청 기한 : 2024. 6. 1.(토) 자정까지

5. 대학 단체 접수 시 응시료 할인
응시료 할인은 참여 대학과 협의 후 결정
대학 단체는 별도 접수페이지를 통해 접수함
대학 단체는 재학생 확인함(학생증 JPG(JEPG) 파일(파일용량 500kbytes 이하)로 등록)
학생증 스캔한 파일은 이름, 학생증 번호, 대학명은 노출하되 얼굴은 가려도 됨

6. 유관 기관장상 수여
장학금 회차 모두 응시한 자 중 성적 우수자 중에서 선발
장학금 회차 모두 현장 응시자 대상
성적 우수자 중 법률저널에서 심사해 3명을 선발
장학금은 법률저널에서 지급

7. 격려장학금 500만 원 쏜다!
- 매회 성적순(표준점수)으로 5명(현장 4명, 온라인 1명) 선발
- 격려장학금은 중복 수상 제한 없음(매회 수상 가능)
- 면학 및 성적우수 장학금 수상에도 제한 없음
- 동점자가 선발인원 초과 시 추리-언어 표준점수순으로 선발
- 격려장학금은 매회 각각 100,000원 지급
- 성적 발표 후 개별 통지, 계좌로 입금(제세공과금 법률저널 부담)

※ 격려장학금은 '법조공익재단법인' 사랑샘에서 후원함.
※ 법조공익재단법인 사랑샘의 격려장학금은 젊은이들이 국가의 동량지재로 성장하여 세계시민으로서 공공선을 행하고, '나'보다 '이웃'을 먼저 생각하는 노블레스 오블리주를 실천하는 지도자가 되길 바라는 취지임.

■ 격려장학금 총 5,000,000원

구분	선발인원		시상내용	비고
법조공익재단법인 사랑샘	매회 5명 선발	현장 4명	각 10만원	총 50명 선발 5,000,000원
		온라인 1명		

8. 총 25,000,000원 장학금 수여!
- 면학 장학금 10,000,000원(8명)
- 성적 우수 장학금 15,000,000원(18명)

* 중복 수상일 때 수상자에게 유리한 상 적용
* 면학 및 성적우수, 유관기관장 장학생 선발은 제6~제10회 모두 현장 응시한 시험(논술 제외)의 표준점수 성적으로 산정함. 단, 면학 장학생도 성적이 상위 30%의 이내에 들어야 함.
* 모든 장학금 수상자는 로스쿨 최종 합격하면 반드시 합격수기를 제출해야 하며, 이에 동의한 것으로 간주됨.

구분	선발인원	시상내용	
법조공익재단법인 면학 장학생	사랑샘 미래상(1명)	200만 원	총 장학금 25,000,000원
	사랑샘 희망상(2명)	각 150만 원	
	사랑샘 인재상(5명)	각 100만 원	
유관기관장 상	최우수상(1명)	200만 원	
	우수상(2명)	각 150만 원	
법률저널 성적 장학생	인재상(5명)	각 100만 원	
	이룸상(10명)	각 50만 원	

9. 온라인 신청자에게 문제지 무료 배송
- 온라인 응시자에게 문제지 무료 배송 서비스
- 택배 발송 시 문제지+해설지+OMR답안지 구성
- 시험 종료 후 매주 월요일 발송
- 온라인 응시는 모니터상에서 풀고 정답 제출해야 함
- 온라인 응시는 문제지 및 해설지 다운로드 및 프린터 불가 유의
- 문제지 배송 신청은 네이버 카페(https://cafe.naver.com/lecleet)

2025학년도 LEET 실전 전국모의고사 일정

회차	일정	접수	비고
제1회 GOAT LEET	2024.3.17.(일)	2024.2.27.(화) ~2024.3.16.(토)	**온·오프 동시 시행** * 지방 시험장 제6회부터 운영 - 부산, 대구, 대전, 광주 * 시험장소 추후 공지 GOAT LEET(Greatest of All Time)는 문제은행서 엄선한 최고의 문제로 진행함. 'LEETBoost'는 LEET에 대한 완벽한 이해와 준비를 지향하고, LEET 시험에서 최고의 성적을 얻을 수 있도록 지원하기 위한 일종의 'LEET Mastery Series'임.
제2회 GOAT LEET	2024.4.21.(일)	2024.2.27.(화) ~2024.4.20.(토)	
제3회 GOAT LEET	2024.5.5.(일)	2024.2.27.(화) ~2024.5.4.(토)	
제4회 LEETBoost	2024.5.12.(일)	2024.2.27.(화) ~2024.5.12.(토)	
제5회 LEETBoost	2024.5.19.(일)	2024.2.27.(화) ~2024.5.18.(토)	
본고사 원서접수	2024.5.27.(월)~6.5.(수)		내가 원하는 시험장 선택 (접수시 법률저널 LEET 시험장 선택)
제6회 LEETBoost	2024.6.2.(일)	2024.2.27.(화) ~2024.6.1.(토)	
제7회 LEETBoost	2024.6.16.(일)	2024.2.27.(화) ~2024.6.15.(토)	
제8회 LEETBoost	2024.6.30.(일)	2024.2.27.(화) ~2024.6.29.(토)	
본시험 수험표 교부	2024.7.2.(화)~7.21.(일)		법학적성시험 접수페이지
제9회 LEETBoost	2024.7.7.(일)	2024.2.27.(화) ~2024.7.6.(토)	
제10회 LEETBoost	2024.7.14.(일)	2024.2.27.(화) ~2024.7.13.(토)	
본고사 시험일	2024.7.21.(일)		서울 등 9개 시험지구서 시행

시험시간 및 시험과목

구분	시험시간	문항 수	비고
수험생 입실완료	08:30까지		09:00부터 건물통제 및 입실불가
1교시 언어이해	09:00~10:10 (70분)	30문항	5지선다형
휴식	10:10~10:40 (30분)		
2교시 추리논증	10:45~12:50 (125분)	40문항	5지선다형
점심	12:50~13:50 (60분)		
3교시 논술	14:00~15:50 (110분)	2문항	서답형, 모범답안과 해설 제공

※ 논술은 제10회(7월14일) 시험에만 시행하며, 논술의 경우 채점을 하지 않고 시험 종료 후 모범답안을 해설과 함께 제공함. 논술은 모두 사례형으로 출제되며 대학의 현직 교수가 출제함.

■ 접수방법
① 각 대학 로스쿨 준비반은 법률저널에 직접 단체로 접수
② 서울대 등 단체 접수는 별도 창에서 접수(대학별 URL 제공)
③ 개별 응시자는 법률저널 홈페이지(www.lec.co.kr)에서 접수

■ 시험 시행 지구
① 개별 응시자-서울, 부산, 대구, 대전, 광주
※ 지방은 제6회(2024.6.2.)부터 운영함.
② 대학 준비반-참여대학 고시반

■ 응시수수료(고물가로 집행비용 대폭 인상 요인에도 동결함.)
회당 80,000원(온·오프 동일) / 제10회 논술 포함 100,000원

■ 접수 문의
- 개별 접수 문의 : 070-4185-8780 / examlaw1144@naver.com
- 대학 단체 접수 문의 : 070-4185-8777
- 네이버 카페 문의 : https://cafe.naver.com/lecleet

법률저널 PSAT-LEET 스토어
https://smartstore.naver.com/boo...

법률저널 베스트셀러 시리즈

논리개념매뉴얼 5.5
(상·하 2권 세트)
이해황 편저

강화약화매뉴얼 5.0
이해황 편저

LEET 8개년 기출백서
(언어이해 · 추리논증)
여성곤, 송형근 저

THE 300제 언어이해
여성곤 · 송형근 편저

THE 400제 추리논증
여성곤 편저

THE 200제 추리논증
여성곤 편저

법학적성시험 추리논증 답안지 (2교시)

성 명	
감독관 확인란	
LEET 본고사 응시 경험	있다 ○ 없다 ○
성 별	남 ○ 여 ○
졸업현황	졸업예정 ○ 졸업 ○

1지망 로스쿨		
	⓪ ① ②	⓪ ① ② ③ ④ ⑤ ⑥ ⑦ ⑧ ⑨

2지망 로스쿨		
	⓪ ① ②	⓪ ① ② ③ ④ ⑤ ⑥ ⑦ ⑧ ⑨

출신 대학		
	⓪ ① ②	⓪ ① ② ③ ④ ⑤ ⑥ ⑦ ⑧ ⑨

학 점 (GPA)			
종 류			
4.0 만점 ○	⓪ ① ② ③ ④	⓪ ① ② ③ ④ ⑤ ⑥ ⑦ ⑧ ⑨	⓪ ① ② ③ ④ ⑤ ⑥ ⑦ ⑧ ⑨
4.3 만점 ○			
4.5 만점 ○			

공인 영어성적			
종 류			
TOEIC ○	⓪ ① ② ③ ④ ⑤ ⑥ ⑦ ⑧ ⑨	⓪ ① ② ③ ④ ⑤ ⑥ ⑦ ⑧ ⑨	⓪ ① ② ③ ④ ⑤ ⑥ ⑦ ⑧ ⑨
TOFEL IBT ○			
TEPS ○			

수 험 번 호						
⓪ ① ② ③ ④ ⑤ ⑥ ⑦ ⑧ ⑨	⓪ ① ② ③ ④ ⑤ ⑥ ⑦ ⑧ ⑨	⓪ ① ② ③ ④ ⑤ ⑥ ⑦ ⑧ ⑨	⓪ ① ② ③ ④ ⑤ ⑥ ⑦ ⑧ ⑨	⓪ ① ② ③ ④ ⑤ ⑥ ⑦ ⑧ ⑨	⓪ ① ② ③ ④ ⑤ ⑥ ⑦ ⑧ ⑨	⓪ ① ② ③ ④ ⑤ ⑥ ⑦ ⑧ ⑨

생 년 월 일					
년		월		일	
⓪ ① ② ③ ④ ⑤ ⑥ ⑦ ⑧ ⑨	⓪ ① ② ③ ④ ⑤ ⑥ ⑦ ⑧ ⑨	⓪ ①	⓪ ① ② ③ ④ ⑤ ⑥ ⑦ ⑧ ⑨	⓪ ① ② ③	⓪ ① ② ③ ④ ⑤ ⑥ ⑦ ⑧ ⑨

성적확인용 비밀번호 (임의숫자 4자리)			
⓪ ① ② ③ ④ ⑤ ⑥ ⑦ ⑧ ⑨	⓪ ① ② ③ ④ ⑤ ⑥ ⑦ ⑧ ⑨	⓪ ① ② ③ ④ ⑤ ⑥ ⑦ ⑧ ⑨	⓪ ① ② ③ ④ ⑤ ⑥ ⑦ ⑧ ⑨

계열구분 (전공)	
공학	○
농학	○
법학	○
사범	○
사회	○
상경	○
신학	○
약학	○
예체능	○
의학	○
인문	○
자연	○
기타	○

문번	답 란 (1~20)
1	① ② ③ ④ ⑤
2	① ② ③ ④ ⑤
3	① ② ③ ④ ⑤
4	① ② ③ ④ ⑤
5	① ② ③ ④ ⑤
6	① ② ③ ④ ⑤
7	① ② ③ ④ ⑤
8	① ② ③ ④ ⑤
9	① ② ③ ④ ⑤
10	① ② ③ ④ ⑤
11	① ② ③ ④ ⑤
12	① ② ③ ④ ⑤
13	① ② ③ ④ ⑤
14	① ② ③ ④ ⑤
15	① ② ③ ④ ⑤
16	① ② ③ ④ ⑤
17	① ② ③ ④ ⑤
18	① ② ③ ④ ⑤
19	① ② ③ ④ ⑤
20	① ② ③ ④ ⑤

문번	답 란 (21~35)
21	① ② ③ ④ ⑤
22	① ② ③ ④ ⑤
23	① ② ③ ④ ⑤
24	① ② ③ ④ ⑤
25	① ② ③ ④ ⑤
26	① ② ③ ④ ⑤
27	① ② ③ ④ ⑤
28	① ② ③ ④ ⑤
29	① ② ③ ④ ⑤
30	① ② ③ ④ ⑤
31	① ② ③ ④ ⑤
32	① ② ③ ④ ⑤
33	① ② ③ ④ ⑤
34	① ② ③ ④ ⑤
35	① ② ③ ④ ⑤
36	① ② ③ ④ ⑤
37	① ② ③ ④ ⑤
38	① ② ③ ④ ⑤
39	① ② ③ ④ ⑤
40	① ② ③ ④ ⑤

답안 작성시 수험생 유의사항

1. 답란은 반드시 컴퓨터용 사인펜을 사용하여야 합니다.

2. 성명란에는 정자체 자필로 기록하기 바랍니다.

3. 수험번호란에는 아라비아 숫자로 기록하고 해당란에 표기해야 합니다.

4. 성적확인용 비밀번호는 숫자 4자리를 임의로 정해 기록한 후 해당란에 표기해야 하며 시험 후 성적확인을 할 때 본인 확인용으로 사용되니 꼭 기억해야 합니다.

5. 수정테이프를 이용하며 답란 수정이 가능합니다.

6. 대학코드는 출신대학 및 지망대학에 공통으로 사용되며 해당코드를 표기해 주시고 해당대학이 없으면 26번 코드를 사용해 주시기 바랍니다.

7. 성별, 연령, 지망대학, 출신대학, 학점, 공인영어성적은 통계로 작성되어 응시생의 대학 지망에 참고 자료로 제공되며 통계 외의 목적으로는 절대 사용되지 않으니 정확하게 표기하여 주시기 바랍니다.

대 학 코 드

코드번호	대 학 명
01	강원대학교
02	건국대학교
03	경북대학교
04	경희대학교
05	고려대학교
06	동아대학교
07	부산대학교
08	서강대학교
09	서울대학교
10	서울시립대학교
11	성균관대학교
12	아주대학교
13	연세대학교
14	영남대학교
15	원광대학교
16	이화여자대학교
17	인하대학교
18	전남대학교
19	전북대학교
20	제주대학교
21	중앙대학교
22	충남대학교
23	충북대학교
24	한국외국어대학교
25	한양대학교
26	기타 대학

법학적성시험 언어이해 답안지 (1교시)

성 명	

※ 지망대학 및 출신대학 코드는 뒷면을 참조하세요.

LEET 본고사 응시 경험	있다 ○ 없다 ○
성 별	남 ○ 여 ○
졸업현황	졸업예정 ○ 졸업 ○

1지망 로스쿨		2지망 로스쿨		출신 대학	
⓪	⓪	⓪	⓪	⓪	⓪
①	①	①	①	①	①
②	②	②	②	②	②
	③		③		③
	④		④		④
	⑤		⑤		⑤
	⑥		⑥		⑥
	⑦		⑦		⑦
	⑧		⑧		⑧
	⑨		⑨		⑨

학 점 (GPA) 종 류			
4.0 만점 ○	⓪	⓪	⓪
4.3 만점 ○	①	①	①
4.5 만점 ○	②	②	②
	③	③	③
	④	④	④
		⑤	⑤
		⑥	⑥
		⑦	⑦
		⑧	⑧
		⑨	⑨

공인 영어성적 종 류			
TOEIC ○	⓪	⓪	⓪
TOFEL IBT ○	①	①	①
TEPS ○	②	②	②
	③	③	③
	④	④	④
	⑤	⑤	⑤
	⑥	⑥	⑥
	⑦	⑦	⑦
	⑧	⑧	⑧
	⑨	⑨	⑨

문번	답 란 (1~20)				
1	①	②	③	④	⑤
2	①	②	③	④	⑤
3	①	②	③	④	⑤
4	①	②	③	④	⑤
5	①	②	③	④	⑤
6	①	②	③	④	⑤
7	①	②	③	④	⑤
8	①	②	③	④	⑤
9	①	②	③	④	⑤
10	①	②	③	④	⑤
11	①	②	③	④	⑤
12	①	②	③	④	⑤
13	①	②	③	④	⑤
14	①	②	③	④	⑤
15	①	②	③	④	⑤
16	①	②	③	④	⑤
17	①	②	③	④	⑤
18	①	②	③	④	⑤
19	①	②	③	④	⑤
20	①	②	③	④	⑤

문번	답 란 (21~35)				
21	①	②	③	④	⑤
22	①	②	③	④	⑤
23	①	②	③	④	⑤
24	①	②	③	④	⑤
25	①	②	③	④	⑤
26	①	②	③	④	⑤
27	①	②	③	④	⑤
28	①	②	③	④	⑤
29	①	②	③	④	⑤
30	①	②	③	④	⑤

수 험 번 호						
⓪	⓪	⓪	⓪	⓪	⓪	⓪
①	①	①	①	①	①	①
②	②	②	②	②	②	②
③	③	③	③	③	③	③
④	④	④	④	④	④	④
⑤	⑤	⑤	⑤	⑤	⑤	⑤
⑥	⑥	⑥	⑥	⑥	⑥	⑥
⑦	⑦	⑦	⑦	⑦	⑦	⑦
⑧	⑧	⑧	⑧	⑧	⑧	⑧
⑨	⑨	⑨	⑨	⑨	⑨	⑨

생 년 월 일					
년		월		일	
⓪	⓪	⓪	⓪	⓪	⓪
①	①	①	①	①	①
②	②		②	②	②
③	③		③	③	③
④	④		④		④
⑤	⑤		⑤		⑤
⑥	⑥		⑥		⑥
⑦	⑦		⑦		⑦
⑧	⑧		⑧		⑧
⑨	⑨		⑨		⑨

성적확인용 비밀번호 (임의숫자 4자리)			
⓪	⓪	⓪	⓪
①	①	①	①
②	②	②	②
③	③	③	③
④	④	④	④
⑤	⑤	⑤	⑤
⑥	⑥	⑥	⑥
⑦	⑦	⑦	⑦
⑧	⑧	⑧	⑧
⑨	⑨	⑨	⑨

계열구분 (전공)	
공학	○
농학	○
법학	○
사범	○
사회	○
상경	○
신학	○
약학	○
예체능	○
의학	○
인문	○
자연	○
기타	○

감독관 확인란
(서명 또는 날인)

답안 작성시 수험생 유의사항

1. 답란은 반드시 컴퓨터용 사인펜을 사용하여야 합니다.

2. 성명란에는 정자체 자필로 기록하기 바랍니다.

3. 수험번호란에는 아라비아 숫자로 기록하고 해당란에 표기해야 합니다.

4. 성적확인용 비밀번호는 숫자 4자리를 임의로 정해 기록한 후 해당란에 표기해야 하며 시험 후 성적확인을 할 때 본인 확인용으로 사용되니 꼭 기억해야 합니다.

5. 수정테이프를 이용하며 답란 수정이 가능합니다.

6. 대학코드는 출신대학 및 지망대학에 공통으로 사용되며 해당코드를 표기해 주시고 해당대학이 없으면 26번 코드를 사용해 주시기 바랍니다.

7. 성별, 연령, 지망대학, 출신대학, 학점, 공인영어성적은 통계로 작성되어 응시생의 대학 지망에 참고 자료로 제공되며 통계 외의 목적으로는 절대 사용되지 않으니 정확하게 표기하여 주시기 바랍니다.

대 학 코 드

코드번호	대 학 명
01	강원대학교
02	건국대학교
03	경북대학교
04	경희대학교
05	고려대학교
06	동아대학교
07	부산대학교
08	서강대학교
09	서울대학교
10	서울시립대학교
11	성균관대학교
12	아주대학교
13	연세대학교
14	영남대학교
15	원광대학교
16	이화여자대학교
17	인하대학교
18	전남대학교
19	전북대학교
20	제주대학교
21	중앙대학교
22	충남대학교
23	충북대학교
24	한국외국어대학교
25	한양대학교
26	기타 대학

2025학년도 법학적성시험 대비

GOAT-LEET

제2회 전국모의고사

언어이해 · 추리논증 해설지

2024. 4. 21 시행

이의제기 및 성적통계
바로가기

이의제기 안내
- 본 시험 종료 후 네이버 법률저널 공식 LEET 카페(cafe.naver.com/lecleet)에서 '이의제기 신청 게시판'에 양식에 맞춰 제출해 주세요.
- 이의제기 기간: 4월 22일(월) 오후 5시까지

법률저널

제1교시

언어이해

성명 수험 번호

제2회

정답 및 해설

1	⑤	2	②	3	①	4	②	5	①
6	④	7	④	8	③	9	⑤	10	⑤
11	②	12	③	13	⑤	14	①	15	⑤
16	⑤	17	②	18	③	19	②	20	③
21	⑤	22	④	23	②	24	⑤	25	④
26	⑤	27	②	28	②	29	⑤	30	②

[1~3] 규범

1. 정답 ⑤

선택지 해설

① (×) 부모 일방이 사망하거나 친권을 상실하는 등의 이유로 부모 일방이 친권을 행사하는 경우에는 후견 법관의 '계속적 통제'의 대상이 되었다(2문단). 선지는 이와 달리 후견 법관의 사전적 허가가 필요하다고 설명하고 있으므로, 옳지 않다.

② (×) 개정 전에도 후견 법관의 허가는 통상 사전적인 허가로 이루어졌다(3문단). 그러므로 후견 법관의 허가가 사후적으로 이루어지는 경우가 빈번하였다는 것은 옳지 않다.

③ (×) '2015년 오르도낭스'는 가족에 대한 권리의 간소화와 현대화를 입법 취지로 하고 있다(2문단). 선지는 해당 법 개정의 입법 취지가 후견 법관의 사법적 통제의 확대라고 하는데, 이는 가족에 대한 권리의 간소화와는 반대되는 것으로 옳지 않다.

④ (×) 우리나라의 민법상으로도 '이해상반행위에 해당하지 않는 한' 특별한 제한 없이 친권자가 상속의 승인, 포기를 할 수 있다(6문단). 즉, '이해상반행위'에 해당하는지의 제한이 존재하므로 이와 달리 전혀 제한이 없다는 것은 옳지 않다.

⑤ (○) 제한적인 경우에 한하여 후견 법관의 허가 또는 계속적 통제의 대상이 되었다(2문단). 그러므로 후견 법관 제도는 법 개정 이전에도 존재하였다는 것은 옳다.

2. 정답 ②

선택지 해설

① (×) 제387-1조를 제한적 사유로 보면 미성년자에게 재산상 불이익을 입힐 수 있다는 점을 지적하는 견해가 있다(4문단). 이와 달리 친권자에게 부당하게 불이익을 입히게 된다는 설명은 옳지 않다.

② (○) 제387-1조에 규정된 사유를 제한적 사유로 해석하는 경우 '부모 일방의 사망으로 생존한 부모가 미성년자에게 귀속한 상속재산에 대해 포기를 하는 경우'가 포함되지 않을 수 있다는 문제점을 제기하고 있다(4문단). 또한 미성년자의 권리에 대한 포기는 해당 조문상 이미 규정되어 있다는 점을 들어 이를 유추 적용할 수 있다고 설명하고 있다(5문단). 따라서 '친권자가 미성년자에게 귀속한 상속재산에 대해 포기하는 경우'는 별도의 독립한 행위 유형으로 규정되어 있지 않다는 것은 옳다.

③ (×) 제387-1조는 후견 법관의 사전 허가가 필요한 유형을 규정하고 있다(3문단). 이와 달리 계속적 통제의 대상으로 한다는 설명은 옳지 않다.

④ (×) 공동 친권의 경우와 단독 친권을 구별하지 않고 제387-1조에 미성년자의 재산과 관련된 법률행위 가운데 후견 법관의 사전 허가가 필요한 8가지의 행위 유형을 규정하였으며(3문단), 이 중에는 '미성년자에게 귀속한 상속의 단순승인'이 포함되어 있다. 따라서 이와 단독 친권의 경우에는 사전 허가가 필요하지 않다는 것은 옳지 않다.

⑤ (×) 제387-1조를 제한적 사유로 해석하는 것을 반대하는 견해는 미성년 상속인에게 귀속한 상속재산에 대한 포기의 경우에도 후견 법관의 사전 허가가 있어야 한다고 주장한다(4문단). 파기원도 친권자가 미성년 상속인에게 귀속한 상속재산을 포기하기 위해서는 후견 법관의 허가가 필요하다고 판시해 왔다(5문단). 따라서 '387-1조를 제한적 사유로 해석하는 것을 반대하는 견해'는 위 결론에 대하여 동의할 것이며, 이와 달리 부당하다고 평가할 것이라는 설명은 옳지 않다.

3. 정답 ①

선택지 해설

① (○) 프랑스에서 제387-1조의 해석에 따라 사전 법관의 허가가 필요한 것으로 규정되어 있느냐 아니냐 논란의 여지가 있는 것은 상속재산의 포기이지, 상속재산의 단순승인은 해당 조문에서 후견 법관의 허가가 필요한 것으로 명시적으로 규정되어 있다(3~4문단).

② (×) 우리나라에서 친권자의 상속 승인, 포기가 제한되는 이해상반행위란 행위의 객관적 성질상 친권자와 그 자(子) 사이 또는 수인의 자 서로 간에 이해의 대립이 생길 우려가 있는 행위를 말한다(6문단). '수인의 자 서로 간에 이해의 대립'이 생길 우려가 있는 경우에도 제한의 대상이 되므로, 친권자(B)와 그 자(C, D) 사이의 이익 충돌이 없으면 제한 없이 허용된다는 설명은 옳지 않다.

③ (×) '2015년 오르도낭스' 개정 이전에도 상속의 승인이나 포기와 친권의 행사에 대하여 후견 법관의 사전적 허가, 계속적 통제는 이루어졌으므로 옳지 않다(2문단).

④ (×) 프랑스 파기원은 친권자가 미성년 상속인에게 귀속한 상속재산을 포기하는 경우에도 후견 법관의 허가가 필요하다고 판시하고 있다(5문단). 따라서 파기원의 견해에 따르면 상속의 포기가 상속의 승인의 경우와 달리 미성년자에 대하여 불이익한 경우에 해당하지 않는다는 것은 옳지 않다.

⑤ (×) 우리나라에서 친권자의 상속 승인, 포기가 제한되는 이해상반행위란 행위의 '객관적 성질상' 친권자와 그 자(子) 사이 또는 수인의 자 서로 간에 이해의 대립이 생길 우려가 있는 행위를 말한다(6문단). 즉, 이해상반행위는 행위의 '객관적 성질'에 따라 결정되지, '주관적 성질'에 따라 결정되지 않는다. 선지는 친권자(B)가 자신의 이익을 도모하고자 하는 의사가 있었는지를 허용 여부의 요건으로 파악하고 있으므로 옳지 않다.

[4~6] 인문

4. 정답 ②

접근방법

선지에서 특정한 입장을 언급할 때는 본문에 주어진 정보를 바탕으로 그 입장에 부합하는 정보인지를 판별하되, 바로 판별되지 않으면 명백한 오답부터 소거한 후 범위를 좁히는 것이 방법이다.

선택지 해설

① (×) 게티어 문제는 내재론에서 파생되는 문제일 뿐(2문단), 이를 설명하기 위한 전제가 아니다. 이를 해결하기 위해 대안으로 등장한 것이 외재론이다(2문단).

② (○) 내재론과 달리 외재론은 반성과 같은 인식 주체의 내재적인 접근이 불필요하고, 인식 주체가 믿음을 지식으로 만드는 요인을 모르더라도 그 믿음의 정당화가 가능하다고 본다(2문단). 그러므로 선지에서 가리키는 입장이란 바로 외재론을 말한다.

③ (×) 지식으로 성립한 믿음이 확실성보다는 개연성이나 신빙성을 갖는다는 것은 외재론 중 신빙론의 입장이다. 신빙론에서의 지식은 전통적 지식 개념과는 다르다(2문단).

④ (×) 플란팅가의 적합 기능론은 우리의 진리 지향적인 인지 능력이 잘 작동하더라도 나머지 세 조건이 충족되지 않으면 보장된 참인 믿음을 창출할 수 없다고 본다(3문단).

⑤ (×) 선지에서 설명하는 특성의 이론은 신빙론이다(2문단). 그런데 신빙론은 외재론의 대표적인 이론이므로 이런 입장도 내재론이 될 수 있다고 이해하는 것은 부적절하다.

5. 정답 ①

접근방법

플란팅가의 적합 기능론에서 추론 가능한 선지를 명백한 것부터 확인해 나간다. 특히 본문에서 언급되지 않은 사례에 대한 언급이라고 해도 결국 본문에 주어진 정보를 단서 삼아 합리적 추론이 가능한지를 따지면 된다.

선택지 해설

① (×) 플란팅가는 지각과 같이 진리 지향적인 인지 능력들이 적합하게 기능하는 경우에만 그 능력으로 산출한 믿음이 지식으로 보장될 수 있다고 본다(4문단). 그렇다면 일시적인 이명으로 인해 청각이 마비된 사람이라고 할지라도, 이명이 없었던 과거에는 청각 능력이 적합하게 기능하였을 것이므로 과거의 경험에 의한 소리에 대해서는 보장된 지식을 산출할 가능성이 있다.

② (○) 플란팅가는 '정당화'라는 용어 대신 '보장'이라는 용어를 쓰는데, 이는 믿음이 지식이 되는 정도의 차이를 반영하기 위해서이다(3문단). 그렇다면 거꾸로 정당화가 적합한 용어가 아닌 이유는 정도의 차이를 반영할 수 없기 때문이라고 추론할 수 있다.

③ (○) 플란팅가는 생존이 위험한 극한의 상황에 처하면 우리의 인지 능력이 생존이라는 목적에 봉사하기 위해 작동한다고 설명한다(5문단). 그러므로 생존이 위험한 극한 상황에 처한 인식 주체는 믿음을 지식으로 보장하는 데에 적합한 설계 계획을 갖기 어려울 것이다.

④ (○) 인지 환경만 주어지고 인지 능력이 원활하게 기능하지 않으면 개연성 높은 지식을 형성하기 어렵다. 이는 이러한 신빙성 있는 요소들이 필요조건이기 때문이다(3문단).

⑤ (○) 어떤 믿음이 보장된 참인 믿음이라면 적합 기능론에서 언급하는 모든 요소를 갖춘 상황이므로(5문단), 우리의 설계 계획도 있는 것이다. 즉 인지 능력이 참된 믿음을 산출할 목적으로만 사용된 경우에 해당한다.

6. 정답 ④

접근방법

1. 〈보기〉에 등장하는 사례가 매우 생소한 사례이나, 본문에 주어진 정보를 바탕으로 판단할 수 있게끔 문제가 설계될 수밖에 없음에 주목해야 한다. 특히 '정당화된 참인 믿음'이라는 핵심 용어가 본문과 〈보기〉에서 공통으로 등장하는 만큼 두 글이 어떻게 연결될지를 사고하면서 문제에 접근한다.
2. 〈보기〉 또는 선지가 더 어려울수록 본문의 핵심 정보를 파악하는 것이 문제풀이의 왕도임을 잊지 말자! 정답선지 ④의 경우에도 1문단의 핵심 정보만 알면 쉽게 골라낼 수 있다.

선택지 해설

① (×) 내재론자는 믿음이 정당화되기 위해 인식 주체가 그 믿음이 어떻게 정당화되는지에 대해 내적으로 접근 가능해야 한다(1문단). 이러한 인식 주체의 내재적 접근을 반성이라고도 표현할 수 있다(2문단). 그러므로 선지의 입장은 내재론자의 입장과 거리가 멀다.

② (×) (2)는 정당화된 참인 믿음이지만, 갑은 을이 태블릿 컴퓨터를 임대해서 사용하는 사실과 같은 학교의 다른 친구인 병이 같은 모델의 태블릿 컴퓨터를 쓴다는 사실을 몰랐으므로 우연에 힘입은 것이다. 외재론자는 이처럼 정당화된 참인 믿음이지만 우연에 힘입은 믿음은 지식이 될 수 없다는 게티어 문제를 해결할 수 있다고 본다(2문단).

③ (×) 신빙론자는 신빙성 있는 메커니즘에 의해 믿음이 산출되면 그 믿음이 정당화된다고 본다(2문단). 반대로 (1)이 게티어 문제에서 보듯이 신빙성 없는 메커니즘을 거쳐 형성된다면 정당화된 믿음이 될 수 있다고 보지 않을 것이다.

④ (○) 내재론자는 어떤 믿음을 참으로 받아들이는 이유를 물었을 때 인식주체가 정당한 이유를 제시할 수 있어야 하고, 그러지 못하면 비합리적인 일이 된다고 본다(1문단). 이를 그대로 적용하면, 갑이 뒷받침하는 증거 없이 (1)을 믿는다면 비합리적 행위를 하게 된다고 평가할 것이다.

⑤ (×) 외재론자는 믿음을 지식으로 만드는 요인에 초점을 맞춘다(2문단). 인식주체인 갑이 (2)를 참으로 받아들이는 이유를 적절하게 말할 수 있는지의 여부에 초점을 맞추는 것은 내재론자이다.

[7~9] 생물

7. 정답 ④

접근방법

1. 일치문제의 경우 글의 개념 배치와 흐름을 가볍게 암기하며 읽은 후, 해당 내용으로 곧바로 돌아가 빠른 정오판단을 내릴 수 있도록 하자.
2. 과학지문은 생소한 개념이 다수 등장하기 때문에 이들 모두를 일견에 전부 완벽히 숙지하는 것은 대단히 힘들다. 각 요소별 인과관계를 위주로 지문을 독해하고 일치문제와 같은 것은 해당 소재에 대한 설명이 있던 부분을 확인하며 풀어나가는 것이 전체적인 시간 관리에 유리하다.

선택지 해설

① (○) 헤모글로빈은 2개의 α 소단위와 2개의 β 소단위로 구성되어 있으며 각 소단위는 산소와 가역적으로 결합하는 헴(Heme)기를 지니고 있다(1문단). 그러므로 헤모글로빈 하나에 포함된 헴(Heme)기는 총 4개다.

② (○) 입체다른자리 효과를 발생시키는 대표적인 분자는 2,3-양인산 글리세르산(BPG)이며, BPG는 산소량이 부족한 환경에 대한 생리적

적응에 중요한 역할을 한다(4문단). 고도가 높은 산에서는 산소량이 부족하며 이에 대한 적응으로 혈액 내 BPG 농도가 증가한다(4문단). BPG 분자에 의해 고지대에서의 생리적 적응이 일어나는데, 이 때 BPG 분자가 일으키는 효과가 입체다른자리 효과이므로 옳다.

③ (○) 산소 분자는 헤모글로빈의 각 소단위의 헴(Heme)기에 결합하며(1문단), BPG 분자는 헴(Heme)기가 아닌 T 상태의 β 소단위들 사이의 공동(cavity)에 결합한다(4문단). 그러므로 두 분자가 헤모글로빈에 결합하는 자리는 서로 다르다.

④ (×) BPG 분자는 헤모글로빈의 T 상태의 β 소단위들 사이 공동(cavity)에 결합한다(4문단). 그러므로 소단위의 종류는 BPG 분자의 생리적 작용에 있어서 중요한 요소이다.

⑤ (○) 협동적 결합은 헤모글로빈 소단위에 산소 분자가 결합하면 헤모글로빈의 입체형태가 변화하고 이로 인해 인접한 소단위에서 T→R 상태 전환이 촉진되는 기전이다(2~3문단).

8. 정답 ③

접근방법

과학추론 문제의 빈출 유형으로, 지문에서 설명된 인과관계에 대해서 특정 상황에서의 결과를 묻는 문제이다. 글에 제시된 변동과정과 각 요소가 영향을 미치는 방향을 화살표 등을 활용해 표시하는 등 정리한 후 〈보기〉의 사례에 대입한다면 풀이가 수월해질 수 있다.

선택지 해설

ㄱ. (○) BPG 분자는 헤모글로빈의 T 상태의 β 소단위들 사이 공동(cavity)에 결합함으로써 T 상태를 더욱 안정화시키고 헤모글로빈의 산소 친화도를 낮춘다(4문단). 따라서 혈액 내 BPG 농도가 증가하면 헤모글로빈이 폐에서 결합하는 산소량이 감소한다(4문단). 산소 분자가 결합하면 할수록 헤모글로빈 소단위의 T→R 전환이 더욱 잘 일어나게 되는데(3문단), BPG 분자로 인해 T 상태가 더욱 안정화되고 헤모글로빈의 산소 친화도 역시 감소한다면 그만큼 T→R 전환이 이루어지기 쉽지 않을 것이라고 추론할 수 있다. 그러므로 혈액 내 BPG의 농도가 높을수록 BPG 분자가 헤모글로빈에 결합하는 양도 많아지며, 이에 따라 T 상태 소단위의 개수도 증가할 것이다.

ㄴ. (○) 산소 분압이 높은 환경에서는 협동적 결합이 더 활발하게 일어나는 반면, 산소 분압이 낮은 환경에서는 그만큼 일어나지 못하게 된다(3문단). 협동적 결합이 일어날수록 T→R 상태 전환이 촉진되므로(3문단) 산소 분압이 낮은 환경보다 높은 환경에서 R 상태 소단위의 개수가 더 많을 것이다. 조직보다는 폐에서 산소 분압이 높으므로(2문단) 조직을 순환 중인 헤모글로빈보다 폐를 순환 중인 헤모글로빈에서 R 상태 소단위의 개수가 더 많을 것이다.

ㄷ. (×) 협동적 결합으로 인해 산소 분자와 결합할수록 헤모글로빈의 전체적인 산소 친화도가 증가하게 된다(2~3문단). 그런데 헤모글로빈을 구성하는 소단위의 수가 감소한다면, 산소와 결합할 수 있는 헴(Heme)기의 수도 감소하고(1문단), 이에 따라 헤모글로빈에 결합할 수 있는 최대 산소 분자 수도 감소할 것이다. 폐에서는 헤모글로빈에 산소 분자가 최대치로 결합할 수 있고, 조직에서는 산소 분자가 아예 결합하지 않는다고 가정해보자. 또한 헤모글로빈에 산소 분자가 하나씩 결합할 때마다 산소 친화도가 10씩 오른다고 가정해보자. 소단위 수가 정상적으로 4개일 때는 폐를 순환 중인 헤모글로빈의 산소 친화도는 40, 조직을 순환 중일 때는 0이 된다. 하지만 헤모글로빈을 구성하는 소단위의 수가 2개로 감소한다면, 폐를 순환할 때는 20, 조직을 순환할 때는 0이므로 산소 친화도 차이가 40에서 20으로 오히려 감소하게 된다. 그러므로 헤모글로빈을 구성하는 소단위의 수가 감소한다면 오히려 조직을 순환 중인 헤모글로빈과 폐를 순환 중인 헤모글로빈의 산소 친화도 차이는 감소할 가능성이 높다.

9. 정답 ⑤

접근방법

1. 〈보기〉에 그래프가 제시되는 경우, XY축 개념 및 그래프 자체의 변곡점을 파악하여 기본적 활용방식을 숙지한 후, 글에 등장하는 개념을 대입하여 순서에 맞게 차분하게 풀이하자.
2. 그래프가 제시되어 있어 분압과 산소포화도 사이의 경향성을 제시해주는 것 같지만, 사실상 폐와 조직에서의 산소포화도를 제시해준 것뿐이다. 항상 선지를 빠르게 파악하여 문제를 큰 틀에서 구조적으로 파악하는 것이 당황하지 않는 방법이다.

선택지 해설

① (○) 조직의 산소 분압에 해당되는 4kPa에서 헤모글로빈의 산소포화도는 0보다 크다. 그러므로 조직에서 헤모글로빈은 산소가 하나도 결합하지 않은 데옥시헤모글로빈(1문단)의 상태가 아닌 어느 정도 산소 분자가 결합되어 있는 상태로 볼 수 있다.

② (○) A 상태가 B 상태보다 산소 분압이 높은 상태이다. 협동적 결합으로 인해 산소 분압이 높을수록 산소 친화도가 높아진다(3문단). 그러므로 헤모글로빈의 산소 친화도는 A 상태에서가 B 상태에서보다 높다.

③ (○) A는 폐 산소 분압에서의 헤모글로빈 산소포화도이며, B는 조직 산소 분압에서의 헤모글로빈 산소포화도이다. 헤모글로빈은 폐에서 산소와 결합하고 조직에서 산소를 해리시킴으로써 폐에서 조직으로 산소를 운반하는 기능을 수행하는 단백질이다(1~2문단). 그러므로 A는 폐에서 헤모글로빈이 산소와 결합한 상태의 포화도 값이고 B는 조직에서 산소가 해리되고 헤모글로빈에 남아있는 산소를 나타내는 포화도 값이라 할 수 있다. 즉, 'A−B=(폐에서 결합한 산소량−조직에 해리되고 남은 산소량)=헤모글로빈으로부터 조직으로 해리되는 산소의 양'이 된다.

④ (○) 고도가 매우 높은 산에서는 호흡으로 유입되는 산소량이 적어지고 이에 따라 조직으로 해리되는 산소량도 부족해진다(4문단). A와 B의 차는 헤모글로빈으로부터 조직으로 해리되는 산소량이므로 (③ 풀이 참고) 고도가 매우 높은 산을 올라간 직후에는 A와 B의 차가 감소해 있을 것이다.

⑤ (×) 산소가 부족한 환경에서는 생리적인 적응을 위해 혈액 내 BPG의 농도가 증가한다. 이에 따라 헤모글로빈의 산소 친화도가 감소하여 폐에서 헤모글로빈에 결합하는 산소의 양도 줄어든다(4문단). 산소포화도는 헤모글로빈에 결합한 산소의 양을 %로 나타낸 수치이며 A는 폐 산소 분압에서의 헤모글로빈의 산소포화도이다. 그러므로 BPG의 농도가 증가함에 따라 A도 감소한다고 보는 것이 적절하다. 참고로, A가 감소하지만 조직으로 해리되는 산소량도 증가하여 B도 감소하고, 이에 따라 A와 B의 차가 유지되는 기전이 저산소환경에서의 생리적인 적응 기전이다.

[10~12] 인문

10. 정답 ⑤

접근방법

선택지에서 여러 다양한 인명들이 등장하고 있기에, 사람의 이름을 중심으로 글에서 해당 내용을 찾아서 풀어낸다.

선택지 해설

① (○) 다른 외척 집안이건 이 외척 집안이건 막론하고 지나치게 으스대며 기세를 부리는 꼴을 걱정한다고 했으므로 부합하는 진술이다(4문단 1번째 문장).

② (○) 임금은 또 저항할 시 차이원에게 강도의 율문으로 다스릴 것을 경고하고 있으므로 부합하는 진술이다(마지막 문단 2번째 문장).

③ (○) 곽시복과 차이원의 송사가 보름 전부터 시작되었다고 하므로 글에 부합하는 진술이다(2문단 1번째 문장).

④ (○) 홍최영이 무식하고 사나운 자인 데 반해 그 형은 자못 조심하고 두려워한다고 하므로 부합하는 진술이다(4문단 2번째 문장).

⑤ (×) 압송 과정에서 곽시복의 갓이 부서졌고(2~3문단), 허씨의 시어미 역시 화를 입었다(3문단 마지막 문장). 허씨 부인의 호소 내용과 임금의 진술에서도 나타날 뿐만 아니라, 형조 역시 곽시복의 상해 여부에 대해서는 부정하는 것으로 보이나, 허씨의 시어미가 무사했는지의 여부는 글을 통해서는 알 수 없다.

11. 정답 ②

접근방법

송사의 내용이 글 전체에 걸쳐 등장하고 있기에, 전체적인 맥락이 파악된 상태에서 선택지의 내용이 나올 곳을 찾아서 풀어내야한다.

선택지 해설

① (×) 형조는 호소가 허용된 네 가지 일에 해당하지 않아도 허씨 여인을 법률에 의하여 다스리겠다고 하므로 적절하지 않다(2문단 4번째 문장).

② (○) 사건 처리에 관여한 관리 중 김노영이 백성을 괴롭힌 율문에 따라 처분되었음을 알 수 있으므로 적절하다(6문단 3번째 문장).

③ (×) 임금은 보고서를 수정할 것을 명하면서, 다시 저항하거든 차이원을 강도의 율문에 따라 처분하고 국법을 무시하며 저항한 죄를 묻겠다고 했는데(마지막 문단 2번째 문장), 이는 시수가 청한 것이 아니다.

④ (×) 곽시복이 기한이 지나도록 이행하지 않았다고 하므로 약속한 바를 제때 이행하였다는 것은 적절하지 않다(2문단 2번째 문장).

⑤ (×) 사건 처리 객관성을 의심한 임금이 형조 외의 관리인 황해 감사에게 사건 조사를 맡기고 있으므로 적절하지 않다(6문단 마지막 문장).

12. 정답 ③

접근방법

좌의정 시수가 어디에 등장하는지 빠르게 찾아본 후 그에 대한 임금의 평가를 골라야 한다.

선택지 해설

① (○) 가문의 명성을 떨어뜨리지 않았다고 보고 처음에 의금부 관리였던 것을 발탁하였다고 하므로 적절하다(8문단 2번째 문장).

② (○) 차씨 가문의 부탁을 들어 불필요하게 간섭한 것이 평소 경계한 본의와 어긋난다고 꾸짖고 있으므로 적절하다(8문단 마지막 문장).

③ (×) 송사에서 객관성을 상실하여 관직을 삭탈한 것은 '경'에 관한 내용인데(6문단 3~5번째 문장), 여기서 파직(관직 삭탈)당한 '경'은 형조에서 처음에 사건을 보고한 자로 ㉠(좌의정 시수)과 다른 사람이다.

④ (○) 가문의 명성을 떨어뜨리지 않고 요망한 환관 무리의 입에 거론되지 않았으며, 외척 집안을 가까이 하지 않는 등 처신을 잘하여 여러 직책을 거쳤고 결국 재상의 지위에 올랐음을 알 수 있으므로 적절하다(8문단 1번째 문장).

⑤ (○) 사에 마음을 쓰고 공에 마음을 쓰지 않는 태도를 꾸짖고 있는데(8문단 3번째 문장 이하), 이는 이번 송사에서도 공적 업무를 사적 관심보다 우선하는 태도가 필요했음을 지적하는 것이므로 적절하다.

[13~15] 사회

13. 정답 ⑤

접근방법

1. 일치 부합 문제의 경우 선지의 문구나 내용이 포함되어 있는 문단의 위치를 빠르게 찾는 것이 중요하다.
2. ③번과 관련하여 '광의' 개념에 주의하여 문제를 풀어야 한다. 일반적으로 협의의 무엇, 광의의 무엇이라는 표현을 쓸 때, 광의라는 말이 붙으면 문언이 가리키는 의미가 그 외연 이상으로 확장되는 경향이 있다. 그러므로 개념에 대한 일반적 설명만 읽고 그 개념을 광의로 확장한 경우까지 파악하고자 해서는 안 된다. 사안의 경우에도 '조세전가'라는 개념 자체는 조세 부담이 (납세의무자가 아닌) 담세자에게 실질적으로 이전되는 것을 의미하고 있으나, 광의의 조세전가는 단순히 조세부담을 면할 뿐인 행위나 세금부담을 회피·탈세하여 사회에 조세부담을 전가하는 것까지 포함하고 있다. 따라서 '타인에게 조세부담을 이전시키지 않는'이라는 문언에 해당하는 유형의 조세전가가 존재한다고 할 수 있다.

선택지 해설

① (○) 납세의무는 국민에게 강제적으로 부과되는 것이고 국민은 강제적으로 부과되는 납세의 부담을 타인에게 돌리려는 본능적인 심리가 발생한다(1문단). 따라서 납세의무자가 조세를 전가하는 것은 인간의 본능과 관련되어 있다.

② (○) 수요의 가격탄력성이 작은 재화에 대한 과세는 가격이 상승해도 소비자가 소비를 줄이기 힘들어 가격을 충분히 상승시킬 수 있어 소비자에게 조세가 전가될 확률이 높다(6문단). 이때의 조세전가는 판매업자로부터 소비자에게의 조세전가이므로 전전에 해당한다(3문단).

③ (○) 광의의 조세전가에는 입법상의 포털, 행정상의 포털이 포함된다. 이러한 조세전가는 납세의무자가 타인에게 조세부담을 이전시키는 유형이 아니라 납세의무자가 자체적으로 납세의무를 면하거나 조세부담을 면하는 것에 해당한다(1문단).

④ (○) 갱전에는 후전이 2회 이상 일어나는 것도 포함된다(5문단). 전전이 2회 이상 계속되는 갱전의 경우에는 그 결과 누적적 가격상승의 현상이 생기게 되지만, 후전이 2회 이상 계속되는 갱전의 경우에는 그렇다고 하기 어렵다. 예를 들어 판매업자에 대한 조세 부과 시 판매업자가 생산업자로부터의 구매가격을 인하하는 후전이 일어나고, 생산업자가 다시 원료공급자의 원료가격을 인하하는 형태의 갱전이 일어났을 때, 누적적 가격상승 현상은 발생하지 않는다.

⑤ (×) 판매업자가 소비자보다 열등한 지위에 있을 때 판매업자에게 조세 부과 시 판매업자는 전전을 하기 어려운 것은 맞으나 판매업자가 그 전의 판매업자(소매상에게의 도매상) 또는 생산업자에 대하여 우월한 지위에 있지 않는 한 후전이 일어난다고 장담하기 어렵다(4문단). 또한 판매업자–생산업자–원료공급자 순의 지위 우열이 존재한다고 할 때 후전이 2회 이상 일어나는 갱전이 일어나지 않는다고 장담할 수도 없다(5문단).

14. 정답 ①

접근방법

글과 선지에 제시된 용어의 정확한 뜻을 파악하고, 용어의 의도와 의미를 잘 추론하는 것이 중요하다.

선택지 해설

① (○) 생산업자가 판매업자보다 우위에 있다면 생산업자에게 물품세를 부과하면 전전 형태의 조세전가가 일어날 가능성이 높다(3문단). 또한 그 재화가 생필품이라면 가격탄력성이 작으므로 판매업자로부터 소비자에게 조세전가가 될 확률 역시 높다(6문단). 따라서 이 경우 전전이 2회 이상 발생하는 갱전이 유발될 가능성이 높다.

② (×) 법적 납세의무자가 상대적 전위자 또는 상대적 후위자 모두에 대하여 열등한 위치에 있다면 그것은 결국 가격조정능력이 없음을 의미하고 그럴 경우 (협의의) 조세전가는 일어나기 어렵다.

③ (×) 정부가 법적 납세의무를 최종 소비자에게 부담시킨다 하더라도, 역시 조세전가는 발생할 수 있다. 그러나 그 형태는 전전일 수는 없고, 후전 또는 갱전의 형태일 것이다.

④ (×) 경제학에서의 조세전가(협의의 조세전가)는 가격조정과정을 통한 조세부담의 이전과정을 뜻한다(2문단). 따라서 판매업자에게 가격조정능력이 인정되지 않는다면 판매업자는 협의의 조세전가는 할 수 없다. 그러나 광의의 조세전가에서 협의의 조세전가를 제외한 다른 조세전가(입법상의 포털, 행정상의 포털)는 여전히 가능하다.

⑤ (×) 생필품은 가격탄력성이 낮은 재화에 해당하고, 가격탄력성이 낮은 재화의 경우 소비자에게 조세가 전가될 확률이 높다(6문단). 따라서 생필품 판매업자에게 부과되는 물품세 인상은 조세전가를 유발할 가능성이 높은 것은 맞다. 그러나 그 형태는 후전이 아닌 전전이다.

15. 정답 ⑤

접근방법

〈보기〉의 설명을 그래프에 적용하는 가운데 글과 그래프의 정확한 의미를 파악하는 것이 중요하다.

선택지 해설

① (○) 재화가 극단적인 사치품이라면 사치품은 가격탄력성이 큰 재화이고(6문단), 〈보기〉에 따르면 가격탄력성이 극단적으로 큰 경우 수요곡선 D가 수평에 가깝게 된다. 수평의 수요곡선을 가정할 때, 판매업자에게 물품세를 부과하여 공급곡선이 S1→S2로 이동한다고 하더라도 균형가격은 변화하지 않는다. 따라서 균형가격의 변화분을 의미하는 P1−P0은 0에 가까울 것이다.

② (○) 재화가 극단적인 생필품이라면 생필품은 가격탄력성이 작은 재화이고(6문단), 〈보기〉에 따르면 가격탄력성이 극단적으로 작은 경우 수요곡선 D가 수직에 가깝게 된다. 수직의 수요곡선을 가정할 때, 판매업자에게 물품세를 부과하여 공급곡선이 S1→S2로 이동하면 균형가격은 원래의 균형가격 P0에 단위당 물품세의 크기 100을 그대로 더한 만큼이 된다. 즉, P1=P0+100이 된다. 이는 소비자가 가격상승에도 소비량을 줄일 수 없어 판매업자가 물품세의 전부를 가격상승에 반영한 것을 의미한다. 이 때, 생산자가 실질적으로 받는 가격을 의미하는 P2는 P1에서 100을 뺀 가격을 의미하고, P1=P0+100이라면 P0−P2는 0에 가까울 것이다.

③ (○) 재화가 극단적인 사치품이라면 판매업자는 가격을 전혀 상승시킬 수 없어 소비자에게 조세를 전가할 수가 없다. 따라서 판매업자는 법적 납세의무자임과 동시에 그 모두를 자신이 부담해야 한다(판매업자가 소비자에게 하는 조세전가 외에는 없다고 가정). 따라서 〈보기〉에 따르면 판매업자는 Q1×100(원)에 해당하는 납세의무가 있고, 이 모두를 자신이 부담해야 한다.

④ (○) 재화가 극단적인 생필품이라면 판매업자는 단위당 물품세액인 100원만큼을 모두 가격인상에 반영할 수 있다. 따라서 소비자가 모든 실질적인 부담을 지게 된다. 판매업자가 법적 납세의무 있는 Q1×100(원)에 해당하는 만큼을 모두 소비자에게 전가시키고, 소비자가 이를 실질적으로 부담하게 된다.

⑤ (×) 재화가 극단적인 사치품이나 생필품이 아니라면 〈보기〉의 그래프와 같이 우하향 형태의 수요곡선 D가 된다. 이런 경우 〈보기〉에서와 같이 판매업자와 소비자가 일부분을 각각 분담하게 된다. 즉, 소비자와 판매업자가 공동으로 물품세를 부담하게 되는 것은 맞다. 그러나 이 경우 역시 판매업자에게 있는 법적 납세의무가 소비자에게 일부 전가된 조세전가에 해당하고 그 유형은 전전에 해당한다. 따라서 "~전전은 일어나지 않고"라는 부분이 옳지 않다.

[16~18] 문학

16. 정답 ⑤

접근방법

1. 글을 읽으며 이해한 내용을 바탕으로 명백하게 틀린 선지를 소거한 후, 남은 선지는 본문의 해당 부분과 비교하며 정오를 판단한다.
2. 이효석 작가의 가치관과 작품에서 보여주고자 하는 면면이 각 작품마다 어떻게 다른지 명확하게 구별하는 것이 중요하다. 선지의 정오를 하나하나 따지는 것보다 지문의 흐름과 명백하게 어긋나는 선지(⑤)를 찾는 것도 하나의 방법이다.

선택지 해설

① (×) 이효석은 "식민지 도시의 불균등 발전에 근거한 이중도시로서의 경성"의 모순에 주목하였다는 점에서 근대 이중도시에 대해 비판적 견해를 가졌음을 알 수 있으며(2문단), 동반작가 시기 해삼위를 배경으로 한 소설에서는 사회주의 이상 국가에 대한 동경이 드러난다(4문단).

② (×) 사회주의 이상 국가와 인민에 대한 이효석의 동경은 1930년 북국 3부작 「노령근해」, 「상륙—어떤 이야기의 서장」, 「북국사신」에 드러나며, 그 이후 작품에서는 동반작가의 이념적 지향이 아닌 혼란과 좌절이 드러난다(4~5문단).

③ (×) 1920년대 후반 이중도시로서의 경성을 배경으로 한 소설에서는 자본주의적 근대성의 모순을 계급적 모순의 차원에서 파악하는 등 근대에 대한 비판적인 시선이 나타났으나(2문단), 여행의 모티프는 이와 관련이 없다(6문단).

④ (×) 이효석은 1920년대 사회주의 이념이 확고한 동반작가 시절이 있었으나, 1932년 작품 「북국점경」이나 1940년 작품 「하얼빈」 등에서는 근대화에 대한 회의와 불안, 좌절 등을 형상화 하였다는 점에서 1940년대까지 사회주의에 대한 이념적 지향이 지속되지는 않았다 (4~5문단).

⑤ (○) 도시적 일상성과 그 대척점으로서의 전원 및 휴양 문화의 발생까지도 볼 수 있는 것이 이효석의 소설이 갖는 도시문학으로서의 하나의 가치일 것이다(6문단).

17. 정답 ②

접근방법

1. 본문을 바탕으로 각 도시에 대한 설명과 반대되는 내용의 선지를 소거하는 식으로 접근한다.

2. 각 도시에 대한 설명이 지문에 잘 드러나 있으며 오답선지 또한 명확한 정답 근거가 제시되어 있어 틀려서는 안 되는 쉬운 문제다.

선택지 해설

① (○) 경성은 식민지 수도로서 여러 문제를 안고 있으며 이효석은 이에 대한 비판적 인식을 드러낸다(2문단).

② (×) 이효석의 북국 3부작은 주로 해삼위를 배경으로 한 소설로서 사회주의 이상 국가에 대한 동경과 지향이 담겨 있음을 알 수 있다. 그러나 북국 3부작은 구체적인 경험의 결과라기보다는 이념의 렌즈에 의해 착색된 현실을 다루고 있으므로 실제 경험을 기반으로 하였다고 보기 어렵다(4문단).

③ (○) 상실과 퇴락을 경험한 하얼빈에서의 시대적 좌절은 해삼위에서 사회주의에 대해 가지고 있던 동반작가로서의 이념이 무너졌음을 나타낸다(5문단).

④ (○) 두만강 접경지역에서의 혼란과 불안은 이념적 지향이 흔들리게 되었음이 드러난다(5문단).

⑤ (○) 평양을 배경으로 한 소설 「향수」에는 시골로 여행하는 내용을 통해 근대적 소비문화, 여행, 관광 등 도시적 일상이 드러난다(6~7문단).

18. 정답 ③

접근방법

1. 글을 바탕으로 〈보기〉 소설에 어떻게 적용할 수 있는지 살펴보고, 글과 〈보기〉의 내용과 일치하는 선지를 소거하는 식으로 접근한다.
2. 글문의 내용을 〈보기〉에 적용하는 문제로, 지문의 흐름을 잘 따라왔다면 명백히 어긋나는 오답선지를 쉽게 고를 수 있다.

선택지 해설

① (○) 당시 자동차를 타고 다닐 정도로 부유한 불량배의 자동차에 치여 빈곤한 여인은 발목이 잘려 도깨비로 착각할 정도로 삶이 더 불행해진 상황은 식민지 도시의 이중도시적 면모를 드러낸다(2문단).

② (○) 「도시와 유령」은 근대 사회에서 나타나는 자본주의 사회의 노동의 모순된 양가적 가치와 도시민의 빈곤과 가속화되는 도시 슬럼화 등 식민지 도시의 여러 문제를 다뤘는데 경성에서 노숙을 하며 살아가는 '나'를 주인공으로 내세운 것은 당시 빈곤한 근로자의 모습을 제시하기 위함이었을 것이다(2문단).

③ (×) 서구적 가치가 훼손되고 상실됨에 따라 시대적 좌절과 회의주의를 느낀 것은 일본의 만주침략과 제2차 세계대전 이후이다(5문단).

④ (○) 식민지 도시의 슬럼화와 도시민의 빈곤화를 다룬 이 소설은 근대 도시화의 이면을 보여준다. 이 소설에서 유령은 도시 빈민들을 이야기 하는데 넓게 보면 도깨비로 착각했던 거지 모자뿐만 아니라 거처 없이 뜨내기로 살아가는 '나' 또한 유령이라 볼 수 있다(2문단).

⑤ (○) 도시의 번영에 따라 유령이 늘어나는 현상에 주목한 것은 자본주의적 근대성의 모순을 계급적 모순의 차원에서 주목한 동반작가의 시선이 담겨있다고 볼 수 있다(2문단).

[19~21] 사회

19. 정답 ②

접근방법

본문에 나오는 개념의 의미와 현상과 현상 간의 인과관계, 선후관계에 유의하며 명백히 오답인 선지부터 소거한다.

선택지 해설

① (○) 유사한 이념이나 가치, 또는 종교적 믿음 외에 인종과 같은 요인도 부족주의를 강화하는 요인이 되고 있음을 확인할 수 있다(3문단).

② (×) 미국은 종래에는 부족주의가 약했으나, 최근에는 확고한 지배 집단이 없어 다른 집단과 각축전을 벌인다(2문단). 이를 확고한 지배 집단이 다른 집단과 경제적 다툼을 벌이고 있다고 잘못 이해한 것이다.

③ (○) '우리 대 그들'의 구도가 성립하는 현상은 부족 효과인데, 부족 효과가 강해지면 집단 간의 사소한 차이도 큰 분쟁으로 발전하기 쉽고, 민주주의의 건전성에도 심대한 위협이 된다(2문단).

④ (○) 미국에서 부족주의는 양당 구도에서 강하게 나타나며, 특히 유권자가 지지하는 정당의 입장에 따라 정치적 입장과 선호를 바꾸는 형국이다(3문단). 그렇다면 공화당이 공식적으로 흑인 친화 정책을 피면 공화당을 지지하는 백인 유권자의 흑인에 대한 호감도도 늘어날 수 있다.

⑤ (○) 부족주의는 무당층이라고 스스로 생각하는 사람이 늘어나는 현상을 설명하기 힘들다(5문단). 이는 달리 말하면 최근 미국의 부족주의가 심각하다는 진단이 옳다면, 스스로 무당층이라고 생각하는 미국인의 비중이 점차 낮아져야 할 것이다.

20. 정답 ③

접근방법

부족적 성향을 의도적으로 자극했다고 볼 근거가 있는 선지만을 추린다.

선택지 해설

ㄱ. (○) 차베스는 고의로 흑인 대중과 대비되는 소수의 백인 지배층에 적대감을 표현하며 베네수엘라 흑인 대중의 부족적 성향을 자극했다.

ㄴ. (○) 오사마 빈 라덴은 서구 세력에게 무슬림 집단이 모욕과 박해를 받는다고 주장하여 무슬림의 부족적 성향을 자극했다.

ㄷ. (×) 베트남인은 화교들에게 분노하는 등 이미 부족적 성향을 갖고 있었는데, 베트남 전쟁 당시 미군은 이를 알고서 의도적으로 자극한 것이 아니라 의도치 않게 화교에게 큰 수익을 안기며 부족적 성향을 강화하게 되었다.

21. 정답 ⑤

접근방법

〈보기〉에 제시된 입장이 본문의 주제인 부족주의와 연결될 수 있는 지점은 무엇인지를 생각하면서 접근한다.

선택지 해설

① (○) 부족주의에 휩쓸려 다른 집단의 관점을 알려고 하지 않는 사람은 교조적이어서 첫째 조건에 위배될 수도 있고, 단지 자기 집단의 관점에서만 생각하는 근시안적 사고로 둘째 조건에 위배될 수도 있고, 타인을 중시하지 않아 셋째 조건에 위배될 수도 있다. 결국 갑이 말한 합리적 판단의 조건을 만족하는 판단을 내리기 어려울 것이다.

② (○) 부족주의에 대한 우려를 표명하는 사람들이 부족주의가 결함 있는 판단을 조장한다는 비판을 제기하고자 한다면, 이때 갑이 제시한 기준을 결함 있는 판단의 구체적 판단 기준으로 삼을 수 있을 것이다.

③ (○) 부족주의는 부족 효과가 강해지는 경우에 이성적 토론의 성공 가능성이 떨어진다고 본다(2문단). 그러나 을은 여기서 더 나아가 심의 민주주의가 가정하는 불편부당성 개념이 허구적이라고 주장함으로써, 즉 심의민주주의의 가정 자체를 거부함으로써 그 가능성을 의심한다.
④ (○) 자신이 처한 특수성을 초월할 수 없다는 을의 견해가 옳은 것으로 밝혀진다면, 강한 집단 정체성은 부족적 성향이 강한 특정한 문화나 사회에서만 일어나는 일이 아니라 모든 정치 집단에 불가피한 현상이 된다.
⑤ (×) 을의 관점에서는 비감정적인 견해를 제시하는 것 자체가 불가능하다. 그러므로 사회적 배열이 강한 사람이든 약한 사람이든 감정적인 견해를 제시할 수밖에 없다고 볼 것이다.

[22~24] 미학

22. 정답 ④

선택지 해설

① (○) '기존의 수용자 관점'에서 예술은 억견을 생산한다(1문단 5번째 문장). 선험적인 감각과 반대로 억견은 후험적이다(3문단 마지막 문장).
② (○) '네 번째 관점'에서 예술이 생산한다고 보는 감각이란 우리의 경험 이전에 있고, 상식과 경험의 울타리를 벗어나 있다(5문단). 따라서 이 관점 하에서는 일반적인 관념으로부터 벗어난 모호한 작품도 감각을 구현하는 것이라면 예술작품일 수 있다.
③ (○) 기존의 관점에 의하면 퐁파두르 부인의 초상화가 수십 점 있다 해도 각각의 표상 자체는 외부대상의 반영일 뿐 별다른 의미가 없다(1문단 7번째 문장). 그런데 '네 번째 관점'에 의하면 작품마다 표상은 일관되지 않으며 그 자체로 역동적인 통일체이다. 작품은 그 자체로 생명력을 얻기 때문에(3문단 마지막에서 2번째 문장), 이 관점 하에서 퐁파두르 부인의 초상화들은 저마다 독립적으로 살아 있는 예술이다.
④ (×) '네 번째 관점'은 화가가 의도하는 표상이 수용자에 고스란히 반영되지 않을 수 있다고 본다(3문단 마지막에서 3번째 문장). 반면 기존의 수용자 관점은 화가가 어느 정도 표상을 유도할 수는 있으나 결국 그것은 대상의 반영에 불과하다고 본다. (1문단 마지막에서 3번째 문장) 따라서 '네 번째 관점'에 의하면 화가가 대상의 미소의 표상을 의도했다고 해서 감상자가 그 미소만을 느낀다고 단정할 수 없다. 표상은 감정을 잉태하고 혹은 감정이 새로운 표상을 잉태할 수 있기 때문에 감정이나 표상은 일률적으로 단정할 수 없다. 감상자들이 미소에서 파생된 감정 외에 기괴함의 감정 또한 느낄 수 있는 것이다.
⑤ (○) 예술적 작품을 통해 대상을 표상하는 것은 대상적 측면이며, 감정을 느끼는 것은 주관적 측면이다. 기존의 수용자 관점에서는 수용자가 표상하는 것을 두고 '감지'라고 하며 감정을 느끼는 것을 '감응'한다고 본다. '네 번째 관점'에서는 전자를 '지각'한다고 하며 후자를 '정서'로 본다. 즉, 양 관점 모두 감각이건 억견이건 예술의 생산체가 대상적 측면과 주관적 측면을 모두 지녔다는 것을 인정하는 셈이다.

23. 정답 ②

선택지 해설

① (×) 〈아테네 학당〉은 감각을 창조한 것이 아니다. 그렇지만 감각을 재배치한 것도 아니다. 〈아테네 학당〉에는 감각이 아닌 억견이 있다. 〈아테네 학당〉에서 재배치된 것은 감각이 아니라 등장인물인 철학자들이다.
② (○) 글을 근거로 판단할 수 있는 예술작품의 성질이란, 작품이 새로운 관점 하에서 해석이 가능한가를 따져 봄으로 인해 결국 작품이 새로운 인식을 반영하는가를 알아보는 것과 같다. 글에서 제시되는 방법은 작품이 대상을 '재현'하고 있는가이다. 그런데 이 재현은 외적 모습일 수도 있고 대상에 대한 관념일 수도 있다(1문단 7번째 문장). 〈아테네 학당〉은 주어진 기존의 통념을 지극히 대변하는 인물들을 재현하고 있다. 따라서 이는 감각을 창조한 것이 아니다. 즉, '네 번째 관점'으로 해석될 여지가 없다. 따라서 '네 번째 관점'을 보여주는 〈세 초상화〉보다는 '기존의 수용자 관점'의 예시인 〈마담 퐁파두르의 초상〉에 예술적 성질상 더 가깝다.
③ (×) 〈아테네 학당〉은 '네 번째 관점'으로 해석될 수 없다. '지각'되고 '정서'를 느끼는 것이 아니라 '감지'되고 '감응'되는 것이다.
④ (×) 재현이라 함은 대상의 외적 모습만을 의미하는 바가 아니다. 기존의 관념, 통념을 대변하는 〈아테네 학당〉은 재현의 예술이다.
⑤ (×) 〈아테네 학당〉은 '네 번째 관점'으로 해석될 수 없다. 역동적이고 독립적인 표상이 재생산되는 것이 아니라 기존의 하나의 표상으로만 존재할 뿐이다.

24. 정답 ⑤

접근방법

1. 새롭게 제시된 '네 번째 관점'이 기존의 수용자 관점을 배척하는 것은 아니라는 점에 주의하자. 그것은 또 다른 관점일 뿐이므로 '네 번째 관점'으로 해석이 가능하다고 해서 기존의 수용자 관점으로 해석이 불가능하다는 의미는 아니다. 하지만 그것은 새로운 시각의 제시이므로, '네 번째 관점'으로 해석이 불가능한 작품은 기존의 수용자 관점으로 해석할 수 밖에 없다.
2. '네 번째 관점'으로 해석이 가능하지만 기존의 수용자 관점으로 해석이 불가능한 성질을 지닌 작품 역시 존재할 수 있다. 결국 〈보기〉를 판단할 때 기준은 해석상 해당 예술 작품들이 다음의 경우에 해당하는가일 것이다.
   1-(기존 관점○, 4관점×)
   2-(기존 관점○, 4관점○)
   3-(기존 관점×, 4관점○)
   (가)는 경우 3에 해당한다. 통조림 수프캔의 형태가 뒤엉켜 있기 때문에, 통조림의 외적모습 재현에도, 통상관념의 재현에도 해당되지 않는다. (나)는 경우2에 해당한다. 완벽한 외적 모습 재현은 기존관점으로, 상식의 울타리를 넘어서는 크기는 네 번째 관점의 잣대로 잴 수 있다. (다)는 경우 1에 해당한다. 일반적으로 널리 알려진 신화의 내용대로 그려진 비너스는 사회의 통념을 그대로 보여주는 재현이다. 이때 비너스라는 대상이 실존인물이 아니라는 점은 문제되지 않는다. 기존 관점 하 재현의 예술은 상식(신화로 인한 미의 여신이라는 관념)과 경험(아름다운 여성의 모습)의 울타리 안에 존재하기 때문이다.

선택지 해설

① (○) (가)는 '네 번째 관점'으로 해석할 수 있다. '네 번째 관점'에서 표상은 화가의 의도나 수용자를 넘어 일률적이지 않다.
② (○) (나)는 두 관점으로 모두 해석이 가능한데, 선지는 그 중 '네 번째 관점'까지 모두 해석이 가능하다는 것을 전제로 한 진술이다. 글의 마지막 부분에 의하면 예술의 목표는 예술 자체에 있지 않고(대상의 재현에 머무르는 것) 우리를 새롭게 만드는 그 이상을 산출하는 것이다. 인간적인 소년에서 출발하여 감각을 산출했다고 보는 측면에서 (나)는 예술의 목표를 달성했다고 말할 수 있다.
③ (○) (나)를 기존 관점(표상은 그저 소년의 반영이다)으로 해석한 바이다. 이 관점의 수용자는 (나)에 '감응'할 뿐이다. '정서'는 '네 번째 관점' 하에서 명명된 것이다.

④ (○) 글에서 창조성은 억견을 소재로 감각을 산출하는 것이다. (다)는 '네 번째 관점'으로 해석이 가능한 성질을 지니고 있지 않으므로 감각이 산출되지 않았다. 따라서 창조적인 예술작품이 아니다.

⑤ (×) (다)는 기존 관념 하에서만 해석할 수 있다. 기존 관념 하에서 예술작품은 후험적이며 인간 의존적이다. 기존 관념 하에서 예술은 억견을 생산하며, 억견은 선험적인 감각과 반대이다. 또한 인간 독립적인 것이 아니라 인간 의존적이다(3문단 마지막 문장 및 5문단).

[25~27] 과학기술

25. 정답 ④

선택지 해설

① (○) 백열등에서 방출되는 빛은 파장, 위상 등이 일정하지 않다고 설명하고 있고(2문단), 이렇게 파장이 일정하지 않은 빛은 직진성이 낮다고 설명한다(5문단). 반대로 파장이 일정한 레이저광선은 직진성이 높다고 설명하고 있으므로 선지의 내용은 옳다.

② (○) 레이저 발진장치에서는 유도방출에 의해 방출된 광자가 두 거울을 왕복하면서 빛을 증폭시키고, 그 과정에서 산란이나 투과 등에 의해 손실이 발생한다고 설명한다(4문단). 그리고 레이저의 증폭이 투과와 산란으로 인한 손실보다 큰 경우에 레이저가 증폭된다고 설명하고 있으므로 산란되는 에너지가 적을수록 레이저광선을 증폭하는데 유리할 것이다.

③ (○) "레이더에 사용되는 마이크로파의 진폭이 커질수록 수신되는 정보가 더 정확해지기 때문에 레이더에는 메이저로 마이크로파의 진폭을 증폭시킨다(1문단)."를 통해 확인할 수 있다.

④ (×) "밀도반전 상태란 자연 상태와는 달리 E_3과 E_4와 같은 높은 에너지 준위에 있는 원자의 수가 E_1과 E_2와 같은 낮은 에너지 준위에 있는 원자의 수보다 많은 상태를 말한다(3문단)."를 통해 아님을 알 수 있다.

⑤ (○) "이때 유도방출과정에서 광자를 방출하는 원자를 자극하는 광자와 그 원자가 방출하는 광자는 파장이 동일하다(3문단)."를 통해 확인할 수 있다. 즉 메이저의 유도방출과정은 원자가 펌핑되어 밀도반전이 된 상태에서 그 원자들 중 하나를 자극하여 광자를 방출시키고, 그 방출된 광자가 다시 다른 원자를 자극하여 연쇄반응이 일어난다. 이때 광자를 방출하는 원자를 자극하는 광자와 그 원자가 방출하는 광자는 파동이 동일하므로 메이저에서 방출되는 전자기파의 파장 길이는 최초로 원자를 자극하는 전자기파의 파장에 의해 결정된다.

26. 정답 ⑤

선택지 해설

ㄱ. (○) 전자기파의 진동수는 파장과 반비례하고, 마이크로파는 가시광선보다 파장이 길기 때문에 진동수는 적다(1문단).

ㄴ. (○) "준안정상태라고 하는데, 여기에 많은 원자나 분자들이 모여서 밀도반전 상태가 된다. … E_3에서 E_2로 떨어지면서 광자를 방출하여 총 2개의 광자가 방출된다. … 즉 E_3에 있는 원자들이 연쇄반응을 통해 광자를 방출한 후에 E_2로 이동하는 과정에서 유도방출이 일어나는 것이다(3문단)."를 통해서 추론할 수 있듯이 준안정상태인 E_3에서 E_2로 원자가 이동할 때 광자가 방출되므로 준안정상태에 있는 원자의 개수가 많을수록 방출되는 광자의 개수도 증가한다.

ㄷ. (○) 높은 준위의 에너지와 낮은 준위의 에너지 차이가 방출되는 광자의 에너지 즉 PE인데, PE가 커질수록 방출하는 파장이 짧아진다고 서술되어 있다(2문단).

27. 정답 ②

선택지 해설

① (×) 원자의 에너지 준위는 전자가 최소의 에너지값을 가지는 정상 궤도를 돌고 있을 때를 바닥 상태라고 정의하고 있으므로(2문단) 전자가 에너지를 가지지 않는다는 선지의 내용은 틀리다.

② (○) 메이저는 마이크로파를 증폭하고, 레이저는 빛을 증폭한다(1문단 5번째 문장, 4문단 1번째 문장). 그리고 메이저와 레이저 모두 유도방출과정을 통해서 전자기파를 방출한다(4문단 1번째 문장). 즉, 양자의 차이는 파장이 다른 전자기파를 방출한다는 것인데, 방출하는 전자기파의 파장은 원자가 방출하는 광자의 에너지에 의해 결정되므로 선지의 내용은 옳다.

③ (×) E_1에서 펌핑으로 E_4까지 원자를 이동시킨다(3문단). 그리고 이 원자가 E_3으로 그리고 E_2로 이동할 때에 방출하는 광자만이 레이저 광선으로 방출된다. 그러나 각각의 원자는 낮은 에너지 준위로 이동할 때마다 광자를 방출하므로 결국 펌핑에 의해 원자가 얻은 에너지는 방출되는 광자가 가지는 에너지와 동일하다.

④ (×) 밀도반전은 높은 에너지 준위에 있는 원자나 분자가 낮은 에너지 준위에 있는 원자나 분자보다 비율이 더 높은 상태를 말하는 것으로서(3문단 참조), 오히려 선지의 내용대로라면 밀도반전 상태를 유지하는 시간은 증가한다.

⑤ (×) "즉 자연방출을 통해 방출되는 빛은 원자들이 다양한 에너지 준위를 이동하면서 방출하기 때문에 다양한 파장의 빛으로 구성될 수밖에 없는 것이다(2문단)."를 통해 확인할 수 있다.

[28~30] 규범

28. 정답 ②

접근방법

비교적 진위가 명백한 선지부터 소거한다.

선택지 해설

① (○) 밀이 자유 제한 원칙으로 명시하는 것은 해악 원칙뿐이므로, 그 외에 공리의 원칙과 불쾌감 원칙은 밀이 암묵적으로 채택하는 자유 제한 원칙이 된다(1문단).

② (×) 어떤 경우에 자유를 제한할 수 있는지 공리주의적 계산에 의존할 경우 논란의 여지가 있을 수 있다(1문단). 이러한 공리주의적 계산에 논쟁의 소지가 적다는 것은 본문을 적절하게 이해했다고 볼 수 없다.

③ (○) 위험에 처한 이웃을 구하는 일은 공리주의적 계산에 따라 해야 할 일이므로(1문단), 효용을 극대화하는 일이 된다.

④ (○) 약한 후견주의는 행위자의 의사 결정 과정에 하자가 있다는 조건에서 개입이 정당화된다는 입장이므로(2문단), 그러한 하자가 없다면 약한 후견주의적 개입은 결코 정당화될 수 없다.

⑤ (○) 약한 후견주의적 개입이 정당화되는 경우로 행위자가 통제력이 없는 경우가 있다(2문단). 알코올 중독 환자의 알코올 복용을 막기 위해 개입하는 것은 전형적으로 이 경우에 해당한다.

29. 정답 ⑤

접근방법

ⓐ는 브링크이다. 브링크가 해석하는 밀의 입장에 유의하며 접근한다.

선택지 해설

① (○) 브링크는 밀이 약한 도덕주의를 수용한다고 보는데, 이는 해악 없는 비행을 규제할 잠정적 이유가 있다고 본다는 뜻이다(4문단). 흡연이 해악 없는 비행에 해당한다면 밀은 이를 법적으로 규제할 잠정적 이유가 있다고 볼 것이므로, 법적으로 규제해서는 안 된다고 본다고 단정할 수는 없다.

② (○) 브링크가 보기에 밀은 미풍양속을 해하는 행위에 대한 간섭도 허용한다(4문단). 즉 브링크에 따르면 밀은 이러한 행위가 해악을 유발하지 않더라도 법적으로 제한될 수 있다고 볼 것이다.

③ (○) 강한 도덕주의를 받아들이면 해악 없는 비행은 곧바로 금지된다(4문단). 미성년자가 허락을 받지 않고 부모의 차를 운전하는 것은 해악 없는 비행이다.

④ (○) 자유 제한 원칙으로서 후견주의는 의사결정 과정에서 행위자에게 해악이 발생하는 경우에 대한 논의이고(2문단), 법적 도덕주의는 행위로 인한 해악이 발생하지 않더라도 법적으로 규제되어야 하는 경우에 대한 논의이므로(4문단) 자유 제한 원칙으로서 법적 도덕주의에 호소하는 것과 후견주의에 호소하는 것은 상이한 유형의 정당화에 해당한다.

⑤ (×) 브링크에 따르면 밀은 약한 도덕주의만을 수용한다(4문단). 즉 어떤 행위가 해악 없는 비행임이 입증되더라도, 이는 그 행위를 규제할 잠정적 이유일 뿐 종국적 이유는 아니라는 것이 밀의 입장이다.

30. 정답 ②

접근방법

2~3문단에 나타난 강한 후견주의와 약한 후견주의의 개념에 따라 사례를 해석한다.

선택지 해설

① (×) 갑과 을은 자발적 노예 계약을 맺었다. 밀은 강한 후견주의에 따라 자발적 노예 계약을 무효로 본다(3문단). 그러나 약한 후견주의로는 정당화될 수 없음을 알 수 있다(2문단 및 마지막 두 문장 참조).

② (○) 정이 위험한 건물에 무심코 들어가는 행인에게 경고한 것은 관련 지식이 없다는 이유로 개입한 사례로 볼 수 있는데, 밀은 이를 약한 후견주의적 개입으로 정당화될 수 있다고 볼 것이다(3문단).

③ (×) 밀이 보기에 갑이 을과 계약을 하기로 한 결정은 강한 후견주의적 개입인데, 강한 후견주의적 개입은 의사 결정 과정에 하자가 없지만 해악을 주는 행위를 방지하기 위해 정당화되는 개입이다(2문단).

④ (×) 모르몬교 사례는 그 공동체 특유의 삶의 방식이 싫다면 언제든지 떠날 자유를 인정하므로 약한 후견주의적 개입이 허용되는 사례가 아니다(3문단). 그러나 X종교 공동체는 그 공동체를 떠날 자유를 허용하지 않으므로, 모르몬교 사례와 달리 약한 후견주의의 개입 대상이 되지 않는다고 단정할 수 없다.

⑤ (×) 밀이 약한 후견주의적 개입으로 정당화한 것은 행위자의 의사 결정 과정에 확인 차 개입하는 경우이다(3문단). 약한 후견주의는 의사결정 과정에 하자가 있고 이로 인해 행위자에게 해악이 발생하는 경우 개입할 수 있다는 것인데 약한 후견주의적 개입이 정당화되는 상황이라면 하자가 없는 경우에도 개입이 가능하다고 보는 강한 후견주의적 개입도 정당화된다. 약한 후견주의적 개입은 강한 후견주의적 개입을 함축한다고 볼 수 있기 때문이다. 따라서 강한 후견주의에 따라 정당화될 수 있다.

제2교시

추리논증

성명 | 수험 번호 | 제2회

정답 및 해설

1	③	2	④	3	④	4	①	5	①
6	③	7	③	8	③	9	⑤	10	②
11	③	12	③	13	①	14	⑤	15	⑤
16	③	17	③	18	④	19	①	20	③
21	②	22	①	23	③	24	②	25	⑤
26	②	27	③	28	①	29	①	30	③
31	⑤	32	⑤	33	⑤	34	②	35	①
36	⑤	37	⑤	38	⑤	39	⑤	40	②

1. 정답 ③

선택지 해설

ㄱ. (○) 제시된 내용에 따르면 채권자는 채무의 이행을 청구하는 소송을 제기하여 그 채무를 이행하라는 판결을 받은 경우에만 강제집행을 할 수 있다. 그러므로 이와 같은 소송을 제기할 수 있는 권리가 없는 경우 강제집행력 역시 가지지 못한다. 따라서 채권자는 A에 대한 집행력을 가지지 못한다.

ㄴ. (○) 채무자와 채권자 을이 부제소의 합의를 한 경우에는 소송을 제기하더라도 그 판결은 항상 부제소의 합의의 내용대로 나온다. 즉 소송으로 채무의 이행을 제기하더라도 이행을 강제하지 않기로 하는 내용대로 판결이 나오므로 강제력이 없는 채무가 된다. 따라서 B는 소송을 제기할 수는 있지만(소구력) 강제력(집행력)이 없는 책임 없는 채권이 된다.

ㄷ. (×) 불법의 원인으로 인하여 재산을 급여한 경우 급여를 받은 사람은 급여를 한 자에게 그 급여를 반환할 의무를 지지 않으므로 채무 자체가 없는 것이 된다. 그런데 자연채무는 채무가 있지만 소구력과 집행력이 없는 것이므로 선택지의 내용은 옳지 않다.

2. 정답 ④

선택지 해설

ㄱ. (×) A조항에 따르면 야간에만 장소적 제약이 있을 뿐 주간에는 장소적 제약이 없다. 그러므로 선택지의 내용을 받아들이면 A조항은 모임을 가질 권리를 침해하지 않는 것으로써 B조항에 위배되지 않는다. 따라서 선택지의 주장은 갑의 견해를 약화한다.

ㄴ. (○) 을의 경우 주거지역에 거주하는 주민들이 소음으로부터 보호되기 위한 기본권을 보장하기 위해 모임을 제한해야 한다고 본다. 여기서 모임을 허용하는 것은 자유롭게 모임을 할 수 있는 기본권을 보장하기 위한 것이고, 이와 같은 모임 행위가 주민의 기본권(소음으로부터 보호되기 위한 기본권)을 침해하면 모임을 제한하는 것이 허용된다고 보고 있으므로 이는 선택지의 내용과 부합하는 내용이다. 그러므로 선택지의 주장은 을의 견해를 강화한다.

ㄷ. (○) 병의 경우 어떤 행위 X와 Y가 Z를 침해하는 경우 X가 Y보다 Z를 더 많이 침해하는데도 불구하고 X보다 Y를 더 많이 제한하는 것은 헌법의 기본원리에 위반된다고 본다. 즉 병은 주간이 야간보다 기본권 침해가 더 큰데 야간에만 제한하는 것은 헌법의 기본원리에 반한다고 보는 것이다. 그런데 선택지의 주장에서는 기본권이 침해되는 정도가 주간이 야간보다 기본권 침해가 더 작다고 보고 있으므로 선택지의 내용은 병의 견해를 약화시킨다.

3. 정답 ④

선택지 해설

ㄱ. (×) 을과 병의 경우 경찰법에서의 개괄조항의 필요성을 직접 언급하고 있으므로 선택지의 내용에 반대할 것이다. 갑의 경우 경찰권이 가지는 침해적 권력적 성격상 그 근거는 개별조항에 의하여야 하고 포괄적인 직무를 규정한 조항(개괄조항이 포함된다.)에 근거하여 경찰권을 발동해서는 안 된다는 입장을 취하고 있다. 그러나 이것은 어디까지나 경찰법에 국한된 것일뿐 법규정 중에(경찰법을 포함한 모든 법 중에) 개괄조항이 존재해서는 안 된다고 보지는 않는다.

ㄴ. (○) 을의 경우 개별조항으로 통제되지 않는 영역이 지속적으로 넓어짐에 따라 개괄조항이 필요하며 개괄조항에 의한 경찰권 발동은 개별조항에 대하여 보충적이고 예외적으로 인정된다고 보고 있으므로 개괄조항의 보충성을 인정한다. 이에 따라 개별조항에 근거한 경찰권만으로는 모든 위험에 대처하는 것이 불가능하다는 주장에 찬성할 것이다.

ㄷ. (○) 을에 따르면 개괄조항은 개별조항의 보충적인 성격을 가지므로 개별조항으로 통제되는 영역이 존재할 때 개괄조항에 근거한 경찰권을 발동해야 한다고 보는 반면 병에 따르면 개괄조항은 개별조항의 존속여부를 결정하는 기준이 되므로 양자가 충돌하는 경우 개괄조항을 우선 적용해야 한다고 볼 것이다. 따라서 선택지의 내용은 옳다.

4. 정답 ①

선택지 해설

ㄱ. (○) 제시된 내용에 따르면 행정행위의 취소에 하자가 있는 경우 취소행위는 처음부터 효력이 발생하지 않으므로 취소의 대상이 되는 행정행위의 효력이 유지된다. 그러므로 행정청이 행정행위 A를 직권으로 취소하였지만 그 취소행위에 하자가 있던 경우 A의 효력은 그대로 유지된다.

ㄴ. (×) 제시된 내용에 따르면 허가는 상대방에게 이익을 주는 행위이다. 그런데 쟁송취소의 경우 행정행위의 취소로 인해 소송을 제기한 자가 이익을 얻을 수 있는 행정행위로 제한되고, 운영허가가 취소되면 이익을 얻는 것이 아니라 손해가 발생하는 것이므로(허가로 인해 부여받은 이익이 사라지므로) 을은 행정소송으로 자신이 받았던 유흥시설 운영허가를 취소할 수 없다.

ㄷ. (×) 직권취소에 따르면 행정행위에 하자가 있는지의 여부와는 상관없이 상대방의 이익을 제한하는 것은 침익적 행정행위에 해당한다. 그런데 선택지에서 행정청은 병에게 건축허가(병의 이익)를 내줬으므로 이를 취소하는 경우 그 이익을 제한하는 것이다. 그러므로 선택지에서의 취소행위는 침익적 행정행위이고 침익적 행정행위를 하기 위해서는 법률에 근거가 있어야 하므로 선택지의 내용은 옳지 않다.

5. 정답 ①

핵심정보

만약 B와 C가 각각 1/2씩 상속받는 경우 B와 C의 상속재산은 각각 6억 원이다. 여기에 제1조 제2항 제1호의 가액을 가산하고, 제2호의 가액을 차감한다. A가 2020년 B에게 3억 원을 증여했고, 2018년 C에게 2억 원을 증여했으므로 제1조 제2항 제1호에 따른 상속세 과세과액은 B는 9억 원, C는 8억 원이 된다. 그리고 B는 2018년, C는 2021년에 각각 A에게 1억 원을 증여했으므로 이중 C가 증여한 1억 원만 차감된다.(B가 증여한 시점은 A의 사망시점으로부터 3년보다 더 이전의 시점이므로) 그러므로 제1조에 따른 상속세 과세과액은 B는 9억 원, C는 7억 원이 된다. 이중에 장례비용 1억 원과 피상속인의 채무 3억 원의 합인 4억 원이 B와 C의 상속재산에서 각각 2억 원씩 차감된다. 그러므로 이 경우 B에게는 7억 원, C에게는 5억 원의 상속세 과세가액이 책정된다.

만약 B가 C보다 2배 더 많은 금액을 상속받으면 B는 8억 원, C는 4억 원을 상속받고, 각 사람의 상속세 과세과액은 제1조에 따라 B의 경우 11억 원, C의 경우 5억 원이 되며, 제2조에 따라 B의 경우 11억 원-(4억 원×2/3)=8.33..억 원이 되고, C의 경우 5억 원-(4억 원×1/3)=3.66..억 원이 된다.

선택지 해설

ㄱ. (○) 옳다.

ㄴ. (×) B의 상속세 과세가액의 최대는 8.33..억 원이므로 옳지 않다.

ㄷ. (×) B의 상속세 과세가액은 C의 상속세 과세가액보다 2.27..배 많으므로 옳지 않다.

6. 정답 ③

선택지 해설

ㄱ. (○) A에 따르면 실제로 생활하고 있는 자가 주거권자이므로 갑, 을, 정이 주거권자이다. 그리고 침입이란 비주거권자가 어느 주거권자에게도 허락받지 않고 주거공간에 있으면 성립하므로 주거권자인 갑, 을, 정 중에 한 명만 허락해도 H조항에 따라 처벌되지 않는다. 따라서 선택지의 내용은 옳다.

ㄴ. (○) B에 따르면 일부 주거권자의 의사에 반해 주거공간에 있는 경우 침입이 성립한다. B에 따르면 주거권자는 실제로 생활을 하고 있는 자로 한정되므로 갑, 을, 정만이 주거권자이다. 따라서 갑이 X에 비주거권자인 병이 들어온 이후 병에게 나가라고 했는데도 불구하고 병이 나가지 않는 경우 B에 따르면 병은 H조항에 따라 처벌된다.

ㄷ. (×) C에 따르면 주거권자는 합법적으로 주거공간을 점유하고 있는 자와 그 가족(배우자, 직계비속, 직계존속)으로 한정된다. 그러므로 주거권자는 합법적으로 점유하고 있는 갑과 그의 가족인 을과 병이다. C에 따르면 비주거권자가 모든 주거권자에게 허락을 받지 않고 주거공간에 있으면 침입이 성립하므로 무가 H조항에 따라 처벌되지 않기 위해서는 갑, 을, 병의 허락을 받아야 한다. 따라서 선택지의 상황에서 무는 H조항에 따라 처벌된다.

7. 정답 ③

선택지 해설

견해1에 따르면 ㉠은 주거자 전원의 동의 없이 건조물에 침입한 자이고, 사례에서 병은 주거자 갑과 을 중 을의 동의만 받았으므로 주거침입죄가 성립한다. 반면 견해2에 따르면 ㉠이란 어느 누구도 동의하지 않은 상태에서 건조물에 침입한 자이므로 갑의 동의를 받은 병에게는 주거침입이 성립하지 않는다. 그러므로 견해2에 따르면 병은 처벌받지 않는다. 견해1에 따르면 신체의 일부가 주거에 들어갔을 때 비로소 침입이 되므로 병의 죄는 주거침입의 미수가 된다. 그리고 위험한 물건을 소지하고 재산을 훔칠 목적으로 제1조의 행위를 했으므로 제1조, 제2조, 제3조의 범죄를 모두 저지른 것이 된다. 견해 A와 B에 따르면 미수범은 원래 형량의 1/2이 되므로 견해1과 견해A에 따르면 병의 형량은 징역 5년, 견해1과 견해B에 따르면 징역 8년이 된다. 따라서 정답은 선택지 ③이다.

8. 정답 ③

선택지 해설

갑은 2001년 1월에 을로부터 A를 1억 원에 매수한 후에 매수한지 2년이 안 된 시점인 2002년 5월에 다시 병에게 A를 매도하였으므로 갑이 A를 보유했던 기간은 2년 이하이다. 그러므로 누진세율은 10%가 적용된다. 갑이 병에게 2억 원에 매도했으므로 양도가액은 2억 원이고 누진세는 누진세율에 양도가액을 곱한 금액이므로 2년 이하에 해당하는 누진세율 10%에 양도가액인 2억 원을 곱한 2천만 원이 된다. 양도세의 과세가액은 양도가액에서 취득가액과 누진세를 뺀 금액이므로 양도가액인 2억 원에서 취득가액인 1억 원과 누진세인 2천만 원을 뺀 8천만 원이 된다. 그러므로 이 경우 2천만 원 이상 1억 원 미만에 해당하여 5%의 양도세율이 적용됨에 따라 과세가액인 8천만 원에서 5%를 곱한 4백만 원의 양도세를 납부해야 한다. 그리고 갑은 을로부터 A를 1억 원에 매수하였으므로 5%의 취득세율이 적용되어 총 5백만 원의 취득세를 납부하게 된다. 따라서 갑이 납부해야 할 양도세와 취득세의 합은 9백만 원이다.

병의 경우 A를 갑에게 2002년 5월에 매수하여 10년이 안 된 시점인 2010년 2월에 정에게 매도하였으므로 A의 보유기간에 따른 누진세율은 5%이다. 병이 14억 원에 A를 매도하였으므로 누진세는 7천만 원이다. 따라서 병의 과세가액은 양도가액인 14억 원에서 취득가액인 2억 원과 누진세 7천만 원을 제외한 11억 3천만 원이 된다. 그러므로 병은 20%의 양도세율의 적용을 받게 되어 1억 3천 2백만 원(2억 2천 6백-9천 4백만 원)의 양도세를 납부해야 한다. 그리고 병은 갑에게 2억 원에 A를 매수했으므로 취득세율 5%가 적용되어 1천만 원의 취득세를 납부해야 한다. 따라서 병은 총 1억 4천 2백만 원의 양도세와 취득세를 납부해야 한다.

9. 정답 ⑤

선택지 해설

ㄱ. (○) 견해1에 따르면 계약 당사자간에 지상권 존속기한에 대한 합의가 없는 경우 그 지상권은 당사자 일방의 의사에 따라 소멸된다고 본다. 즉 당사자 중 어느 한 명이 지상권의 소멸을 주장하면 그 지상권은 소멸된다. 그런데 이와 같은 주장을 토지 소유권자가 하는 경우 건물 소유자는 지상권을 상실하고 제1조 제1항에 따라 토지 위의 건물은 그 토지의 지상권을 획득한 경우에만 소유할 수 있으므로 결과적으로 건물 소유자는 그 소유권을 상실한다. 그러므로 선택지에서처럼 자신이 소유한 물건에 대한 소유권 변동은 자신의 의사에 의해서만 결정되어야 한다면 이는 건물 소유주의 건물 소유권을 토지 소유자가 결정하는 것이 옳지 않다는 것이므로 견해1을 반박하는 근거가 된다. 그러므로 선택지의 주장은 견해1을 약화한다.

ㄴ. (○) 견해1에 따르면 지상권의 존속기한을 무기한으로 정하는 합의는 허용된다. 그런데 제1조 제2항에 따르면 지상권자에게는 토지를 단독으로 사용할 수 있는 권리가 있기 때문에 지상권자가 있는 한 토지 소유자는 자신의 토지를 사용할 수 없다. 그러므로 무기한으로 지상권을 인정한다면 토지 소유자는 토지를 사용할 수 있을 가능성 자체가 차단되므로 선택지의 주장에 따르면 소유권 자체가 부정된다.(소유권은 물건 소유자가 물건을 사용하거나 사용할 수 있는 경우에만 존재할 수 있으므로) 그러므로 견해1에서 무기한으로 정하는 합의가 허용되더라도 토지 소유권이 부정되는 것은 아니라는 주장은 약화된다.

ㄷ. (○) 견해2에 따르면 존속기간에 대해 계약 당사자간의 합의가 없었다면 그 기간은 제2조 제1항 각호에 규정된 연한으로 해야 한다. 그러므로 해당 합의를 하지 않은 경우 그 기간을 법률(제2조 제1항)이 정한 최단 존속기간(건물은 30년, 수목은 15년)에 규정된 연한으로 해야 한다는 규정이 있다면 견해2는 강화된다.

10. 정답 ②

선택지 해설

ㄱ. (×) 제3조 제1항에 따른 채권추심에 관한 사무의 중지는 압류할 수 있는 재산의 가격이 강제집행에 드는 비용을 초과하지 않는 경우에만 할 수 있다. 그런데 선택지에서는 총 재산과 납부해야 할 양도소득세만 언급되어 있으므로 선택지의 내용은 옳지 않다.

ㄴ. (×) 제2조에 따르면 관리관은 채권을 보전하기 위해 채무자의 권리를 행사할 수 있지만, 이것이 가능하기 위해서는 채권의 기한이 도래한 이후라는 전제가 필요하다. 2022년 2월에는 갑의 채권의 변제 기한이 도래하지 않았으므로(채권의 변제기는 3월이다.) 선택지의 내용은 옳지 않다.

ㄷ. (○) 을이 2023년 1월까지 취득세 9백만 원 중 2백만 원만 납부한 경우 2022년에 납부한 금액은 2백만 원을 넘을 수 없다. 을은 2월, 6월, 10월에 각각 3백만 원씩 취득세를 납부해야 하므로 을은 2023년 1월에 1년에 3회 이상 체납하고 그 체납금이 5백만 원 이상이라는 제4조 제2호의 조건을 충족한 것이 된다. 그러므로 선택지의 내용은 옳다.

11. 정답 ③

선택지 해설

견해1에 따르면 양도인이 양수인에게 채무를 변제한 경우 그 변제한 행위는 채무자가 양수인에게 채무를 변제한 것과 동일하게 취급된다. 그러므로 갑이 채권을 양도한 이후에 병에게 지고 있던 채무 중 일부를 변제한 경우 그 변제에 대한 효과는 채무자에게도 미치므로 채무자는 나머지 금액만 변제하면 된다. 그러나 견해2에 따르면 양도인이 채권을 양도한 시점부터 양도인의 행위는 채권의 내용에 영향을 미치지 않으므로 양도인의 변제행위는 양수인과 채무자 간의 채무관계에 영향을 주지 않는다. 따라서 갑이 병에게 채무를 변제했더라도 그 변제행위는 을에게 영향을 미치지 않으므로 을은 갑이 채무를 변제했는지의 여부와는 상관 없이 채권의 내용대로 병에게 3천만 원을 변제해야 한다.

ㄱ. (○) 옳다.

ㄴ. (○) 옳다.

ㄷ. (×) 을이 갑에게 7천만 원만 지급했더라도 그것이 갑이 병에게 양도한 채권이 아닌 한 견해1과 견해2 모두에 의하더라도 을은 병에게 3천만 원을 변제해야 한다.

12. 정답 ③

선택지 해설

ㄱ. (○) 갑은 강취가 성립하기 위해서는 폭행이나 협박이 취거의 수단이 되어야 하므로 폭행 또는 협박이 재물취거와 인과관계가 없는 경우 강취가 성립하지 않는다고 본다. 그러므로 피해자가 재물을 교부한 원인이 폭행이나 협박에 의한 것일 때에만 강취가 되고 선택지에서처럼 동정심에 의해 재물을 교부한 경우 갑은 강취가 성립하지 않는다고 본다.

ㄴ. (○) 을은 강취가 성립하기 위해서는 갑과 마찬가지로 폭행이나 협박이 재물을 취거하는 수단이 되어야 한다고 본다. 선택지에서 가해자의 폭행은 취거의 목적이 아닌 강간을 할 목적으로 행한 것이므로 을에 따르면 선택지에서 가해자의 행위는 강취에 해당하지 않는다.

ㄷ. (×) 병은 피해자가 침탈에 저항할지의 여부에 대한 판단기회를 주지 않는 경우에는 강도죄가 성립하지 않는다고 본다. 그러므로 병은 선택지에서처럼 놀란 사이에 재빨리 피해자의 재물을 취거해 가는 날치기 행위를 강도죄가 아니라고 볼 것이다.

13. 정답 ①

선택지 해설

ㄱ. (○) 제시된 내용에 따르면 처벌을 받지 않을 가능성이 커질수록 처벌에 대한 두려움이 작아지고 처벌에 대한 두려움이 작아질수록 범죄를 예방하는 효과가 작아지므로 선택지의 내용은 옳다.

ㄴ. (×) 제시문에서는 범죄율을 줄이기 위해서는 범죄자를 교화시켜야만 한다고 주장한다. 그런데 교화란 이미 범죄를 저지른 자가 더 이상 범죄를 저지르지 못하도록 하는 조치이므로 모든 범죄를 예방하는 것과는 거리가 멀다. 즉 재범율을 예방하는 데는 효과가 있지만 범죄 자체를 예방할 수는 없다. 그러므로 선택지의 내용은 옳지 않다.

ㄷ. (×) 제시된 내용에 따르면 처벌로 인한 두려움은 시간이 지날수록 줄어들게 된다. 예컨대 어떤 두려움이 1인 처벌과 10인 처벌은 시간이 경과할수록 모두 0에 수렴하므로 처벌로 인한 두려움의 차이는 시간이 경과할수록 줄어들게 된다. 그러므로 선택지의 내용은 옳지 않다.

14. 정답 ⑤

선택지 해설

ㄱ. (○) 갑의 경우 정상적인 정신활동을 하는 인간만이 가장 높은 수준의 권리를 가지며, 가장 높은 수준의 권리를 가진 인간만이 존엄성을 가진다고 본다. 그러므로 배아에 불과한 B에게 존엄성이 없다고 볼 것이다. 병의 경우 인간이었던 존재나 인간이 될 수도 있는 존재라고 해서 존엄성의 존재를 부정해서는 안 된다고 보고 있으므로 인간이 될수도 있는 배아 역시 존엄성을 가진다고 볼 것이다. 그러므로 선택지의 내용은 옳다.

ㄴ. (○) 을은 인간을 살리기 위한 목적으로만 인간이 될수도 있는 존재를 이용할 수 있고 그 이외에는 이용할 수 없다고 주장하므로 A의 하반신 마비를 치료하기 위해 인간이 될수도 있는 B를 이용할 수 없다고 볼 것이다. 병은 인간을 모체로부터 분리된 때로부터 사망할 때까지로 보고 있으므로 B를 인간이 아니라고 본다. 그리고 인간을 살리거나 치료하기 위한 목적으로 인간 이외의 존재를 이용할 수 있다고 보고 있으므로 B를 이용할 수 있다고 볼 것이다. 따라서 X의 행위가 허용되는지에 대해 을과 병은 의견을 달리할 것이다.

ㄷ. (○) (2)에서 D는 식물인간 상태이므로 정상적인 정신활동을 하지 못한다. 그러므로 갑에 따르면 존엄성을 가지지 않는다. 그리고 C는 정상적인 정신을 가졌으므로 존엄성을 가진다고 볼 것이다. 따라서 갑은 C를 살리기 위해 D를 이용할 수 있다고 볼 것이다. 을의 경우 모체로부터 분리된 후부터 사망할 때까지를 인간으로 보고 있으며, 인간만이 존엄성을 가진다. 그러므로 C와 D 모두 존엄성을 가진다고 볼 것이다. 그리고 존엄성을 가진 존재는 이용할 수 없다고 보고 있으므로 C를 살리기 위해 D를 이용할 수 없다고 본다. 따라서 선택지의 내용은 옳다.

15. 정답 ⑤

선택지 해설

ㄱ. (○) 일란성 쌍둥이는 유전자와 생체적 나이가 동일하다.(태어난 날이 동일한 존재는 생체적 나이가 동일하다.) 갑의 경우 동일인으로 인정

되기 위해서는 기억이 완벽하게 동일해야 하는데 어떤 사람도 다른 사람과 완벽하게 동일한 기억을 가질 수 없다고 보고 있으므로 일란성 쌍둥이는 동일인이 아니라고 볼 것이다. 반면 병의 경우 유전자와 생체나이가 동일하면 동일인으로 보고 있으므로 유전적으로 동일하면서 동일한 시점에 발생(하나의 수정체가 둘로 나뉜 시점에 그 두 존재가 발생했으므로)한 일란성 쌍둥이를 동일인으로 볼 것이다.

ㄴ. (○) 어린 시절의 나와 성인이 된 후의 나는 유전자는 동일하지만 신체를 구성하고 있는 물질의 양과 구조(몸집이 더 커지는 등의 변화가 있었으므로)는 동일하지 않다. 그러므로 유전자와 구성하는 물질의 종류와 수가 완벽하게 동일해야만 동일인이라고 보는 을은 해당 내용에 동의한다. 병 역시 생체적 나이가 동일해야 한다고 보고 있으므로 선택지의 내용에 동의한다.

ㄷ. (○) 갑은 복제인간이 인권을 가진다고 보고 있으므로, 병이 갑과 동일한 견해라면 병은 X가 인권을 가진다고 본다. 병은 성장과 노화의 속도를 조절한 복제인간은 인권을 가지지 않는다고 보고 있으므로, X는 성장과 노화의 속도를 조절한 복제인간이 아니다. 병은 성장과 노화의 속도를 조절해야만 복제인간과 유전자를 제공한 자가 동일인이 될 수 있다고 보고 있으므로 병은 X가 유전자를 제공한 자와 동일인이 아니라고 볼 것이다.

16. 정답 ③

선택지 해설

ㄱ. (○) 갑의 경우 외부 대상의 정보를 감각 기관으로 수용하고 분석하는 것으로서 감각 기관으로 수용된 외부 대상의 정보에 의해 지각 주체 내에서 표상이 발생하고 그 표상을 지각한다고 본다. 그리고 외부 대상은 지각 주체에 의해 지각된 상태에서만 존재하므로 철수가 A를 본 경우 사과의 외부 정보만 전달되므로 사과 내부의 씨는 지각되지 않는다. 따라서 이 경우 갑은 A의 씨가 존재하지 않는다고 볼 것이다. 그러므로 갑은 선택지의 내용에 동의할 것이다.

ㄴ. (○) 을에 따르면 외부 정보를 수용하거나 전달되는 과정에서 오류가 발생하여 외부 정보와는 다른 표상이 발생하거나 다른 대상으로 지각되기도 한다. 그러므로 을은 외부 대상이 다른 대상으로 지각되는 착각이 정보 전달 과정의 오류로 인해 발생하기도 한다는 것에 동의할 것이다.

ㄷ. (×) 갑은 지각 주체가 외부 대상을 지각하고 있는 상태에서만 외부 대상이 존재한다고 보고 있으므로 선택지의 내용에 동의하지 않을 것이다. 그리고 을의 경우 지각을 일으키는 정보 자체가 외부 대상이 아닌 지각 주체 내에서 발생하는 것일 수도 있다고 보고 있으며 지각 주체는 어떤 경우에도 외부 대상의 존재 여부를 확인할 수 없다고 본다. 즉 을은 외부 대상이 지각 주체와는 독립적으로 존재할 수 있지만, 실제로 외부 대상이 존재하는지의 여부에 대해서는 알 수 없다고 보고 있는 것이다. 따라서 외부 대상이 존재하고 있다는 것에 동의하지 않을 수도 있다.

17. 정답 ③

선택지 해설

ㄱ. (○) ㉠은 행위에 대한 정당성의 기준을 그 행위를 통해 얻는 각 사람들의 행복의 총합으로 보는 이론이다. 이는 행위 자체가 아니라 행위를 통해 얼마나 많은 행복이 산출되는 결과를 발생시켰는지에 따라서 행위의 정당성 여부가 결정되는 것으로서 선택지의 내용에 ㉠은 동의할 것이다.

ㄴ. (○) ㉡에 따르면 행위에 대한 결과는 행위의 정당성 여부에 영향을 주지 않기 때문에 정당성 여부는 행위자가 비도덕적 행위를 할 의사가 있었는지의 여부에 따라 결정된다. 그러므로 절도라는 결과가 발생하지 않았더라도 돈을 훔치려고(절도의 의사로) 금고를 연 경우 그 행위는 부당한 행위가 된다.

ㄷ. (×) ㉢에 따르면 가장 최우선으로 타인에게 해를 끼치는 행위를 하지 말아야 하므로 이와 같이 타인의 생명을 빼앗는 행위(타인에게 해를 끼치는 행위)를 하는 것은 부당한 행위가 된다. ㉠에 따르면 가급적 많은 사람들에게 행복을 줄 수 있는 행위가 정당한 행위이다. 그러므로 만약 선택지의 행위가 행복을 극대화시키는 경우 한 명의 생명보다 다섯 명의 생명을 살리는 행위를 한 것은 정당한 행위가 된다. 그러나 선택지에서는 다섯 명의 환자를 살리는 것이 아니라 치료하기 위해 한 명의 생명을 빼앗는 행위이므로 어느 것이 최대의 행복을 가져오는지 알 수 없다.

18. 정답 ④

선택지 해설

ㄱ. (×) 발문의 단서에 따르면 도시는 사람이 많이 사는 지역으로 정의되므로 모든 도시에는 사람이 살고 있다는 명제는 분석명제에 해당한다. 그리고 주어의 외연이 집합 내에 포함된 모든 원소이므로 A형 명제에 해당한다. 만약 해당 명제가 종합명제라면 관찰에 따라 진위 여부가 결정되고 무한대로 관찰을 해야 하므로 진위여부를 확인할 수 없지만, 해당 명제는 분석명제이므로 명제 자체로 진위여부가 결정된다. 따라서 선택지의 명제는 A형 명제이지만 분석명제이므로 진위 여부를 확인 할 수 있다.

ㄴ. (○) 정치인 중에는 정직한 사람이 존재한다는 명제는 주어의 외연이 정치인이라는 집합 내의 일부를 가리키고 있으므로 B형 명제이다. 그리고 명제만으로는 진위여부를 확인할 수 없으므로 종합명제에 해당한다. 따라서 선택지의 내용은 옳다.

ㄷ. (○) 제시된 내용에 따르면 분석명제는 진위 여부를 명제의 내용만으로 판단할 수 있는 명제이다. 행성이란 구의 형태를 가지면서 항성 주위를 공전하는 천체를 의미하므로 행성의 정의에 따라 모든 행성은 항성 주위를 공전해야만 한다. 그러므로 태양계 내부는 물론 외부의 행성 역시 항성 주위를 공전해야 한다. 따라서 선택지의 명제는 거짓이 되고, 명제 자체만으로 진위 여부(참 혹은 거짓)를 확인할 수 있으므로 분석명제에 해당한다.

19. 정답 ①

선택지 해설

모든 국민이 완벽한 선택을 하는 경우에만 국민 다수가 올바른 선택을 하지만 많은 사람들이 선택을 하는 과정에서 오류를 범하므로(올바르지 않은 선택을 하므로) 국민 다수가 올바른 선택을 할 수 없다는 결론이 도출된다. 그리고 국민의 다수가 올바른 선택을 할 수 있을 때만 정책결정권이 모든 국민에게 있어야 한다는 정당성이 확보되므로 이를 통해서 정책결정권이 모든 국민에게 주어지는 것은 부당하다는 결론이 도출된다. 따라서 ㉠, ㉡, ㉢이 합쳐져서 ㉣이 도출된다.

㉤에 따라 민주주의는 정책결정권이 모든 국민에게 있으므로 이 내용에 ㉣을 적용하면 민주주의는 최악의 정부 형태 중 하나라는 ㉥이 도출된다.

정책결정권이 어느 한 사람이나 일부 집단에게만 주어지는 정부 형태는 최고의 정부 형태가 아니고, 엘리트주의는 일부 국민들에게만 정책결정권이 주어지는 정부 형태이므로 이를 통해 엘리트주의는 최고의 정부 형태가 될 수 없다는 결론이 도출된다. 정책결정권을 가진 자들이 올바른 선택을 할 수 있는 정부 형태는 최선의 정부 형태이고, 엘리트주의는 올바른 선택을 하는 국민들에게만 정책결정권이 주어지므로 이를 통해서 엘리트주의는 최선의 정부 형태라는 것이 도출된다.(올바른 선택을 할 수 있는 국민들만 정책결정권을 가지므로) 따라서 ㊅, ㊆, ㊇이 합쳐져서 엘리트주의는 최고의 정부 형태는 아니지만 최선의 정부 형태라는 ㉠이 도출된다. 그리고 최고의 정부 형태나 최선의 정부 형태를 받아들여야 한다는 ⓞ과 ㉥, ㉠이 합쳐져서 민주주의 대신 엘리트주의를 받아들여야 한다는 ㉢이 도출된다.

20. 정답 ③

선택지 해설

ㄱ. (○) 까마귀가 가질 수 있는 색이 많아질수록 가능 명제의 X의 개수는 많아진다. 그리고 X의 개수가 많은 명제일수록 불확실성은 커지고, 불확실성은 명제와 명제를 도출한 전제 간의 개연성과 반비례하므로 ㉡을 도출한 전제와 ㉡ 간의 개연성은 작아진다.

ㄴ. (○) X의 개수는 결론이 참일 가능성의 역수이다. 그러므로 세 가지의 색이 들어 있는 상자 내에서 한 개의 구슬을 꺼내는 경우 가능 세계는 1/3의 역수인 3개가 된다. 그러므로 선택지의 내용은 옳다.

ㄷ. (×) 앞면에 1과 2가 적힌 두 장의 카드 중 하나를 뽑을 때 “1이 나올 것이다.”의 명제의 X의 개수는 1이 나올 가능성의 역수인 2이다. 그리고 1부터 4까지의 숫자가 각각 하나씩 적힌 4장의 카드 중 하나를 뽑을 때 “짝수가 나올 것이다.”는 명제의 X의 개수는 짝수가 나올 확률이 1/2이므로 2개가 된다. 그러므로 두 명제의 불확실성은 동일하다.

21. 정답 ②

선택지 해설

ㄱ. (×) 을의 경우 아내의 소득이 높아질수록 남편의 소득 역시 비례해서 높아진다고 본다. 그러므로 아내의 소득이 2배, 3배.. 증가하면 가구의 소득도 2배, 3배.. 증가할 것이다.

ㄴ. (×) 병의 경우 남편과 아내의 단위노동시간당 소득이 유사하다고 주장하므로 아내의 소득이 높은 가구가 있을 수 있다. 그러므로 선택지의 내용은 병을 약화하지 않는다. 갑 역시 대부분의 경우 가구의 계급은 남자에 의해 결정된다고 언급하고 있으므로 일부는 여자에 의해서 결정된다는 것을 부정하지 않는다. 따라서 선택지의 내용은 옳지 않다.

ㄷ. (○) 병의 경우 단위노동시간당 받는 임금의 차이가 존재하지 않는다고 보고 있으므로 남편이 아내보다 노동시간이 더 많다면 소득은 남편이 더 많다. 병에 따르면 이 경우 남편에 의해서 가구의 계급이 결정되어야 한다. 그러므로 선택지의 내용은 병을 약화한다.

22. 정답 ①

선택지 해설

① (×) 연소 후 질량이 감소하는 금속이 발견되더라도 연소를 통해 질량이 증가하는 금속의 존재를 부정할 수 없다. 따라서 ㉡을 통해 ㉠을 반박할 수 있다.

② (○) ㉡에 따르면 플로지스톤을 음의 질량을 가지고 있거나 비물질적인 원리로 설명하는 것은 불합리한 주장이므로 물질의 연소를 플로지스톤의 방출로 설명하는 것은 옳지 않다. 그러나 음의 질량을 가진 물질의 존재가 과학계에서 합리적으로 받아들여진다면 더 이상 이는 불합리한 주장이라고 볼 수 없으므로 ㉡은 약화된다.

③ (○) 학자 A는 ㉢를 질량이 없는 유체 물질이라고 주장하고 있다. 그러나 모든 실존하는 물질이 질량을 가지고 있다는 주장이 타당하다면 학자 A가 ㉡에서 주장했던 바와 같이 ㉢는 실제 물질이 아니라 비물질적인 원리에 가깝다고 할 수 있으므로 ㉡의 논거에 의해 ㉢의 존재를 반박할 수 있다.

④ (○) 학자 A는 공기중의 화소와 물질의 결합으로 연소 과정에서의 질량 변화를 설명하고 있다. 완전한 진공 용기 내에서는 공기가 존재할 수 없으므로 화소 또한 존재하지 않고 그의 이론에 따르면 질량 변화를 설명하기 어렵다. 그러나 이는 ㉡를 통해 ㉠을 반박 한 후 이를 대체하기 위한 가설이지 ㉡의 타당성과 직접적인 연관은 없다. 따라서 ㉡이 약화된다고 볼 수 없다.

⑤ (○) ㉡은 재료의 연소 후 질량 감소를 플로지스톤의 방출로 설명하는 ㉠을 반박하는 논증이다. 따라서 질량이 없는 ㉢을 플로지스톤으로 지칭하는 일부 과학자 집단이 있다 하더라도 이는 ㉠가 상정하는 플로지스톤의 존재와 다르다고 볼 수 있으므로 ㉡의 타당성에 영향을 끼치지 않는다.

23. 정답 ③

선택지 해설

ㄱ. (○) 갑이 방독면을 쓰는 행위로 인해 자신은 살지만 을은 사망하는 결과를 초래하므로 나쁜 결과를 초래하지 않고서는 좋은 결과를 발생시킬 수 없는 경우에 해당한다. 갑은 을에게 물리력이나 접촉을 통해 해를 가하지 않았으므로 조건 (1)을 충족한다. 그리고 나쁜 결과를 의도하지 않았고, 사례에서처럼 좋은 결과(자신이 사는 결과)를 의도했으므로 조건 (2)도 충족한다. 그리고 갑이 사는 것과 을이 죽는 것은 가치가 동등하므로 좋은 결과는 나쁜 결과보다 가치가 작지 않아야 한다는 조건 (3)도 충족한다. 그러므로 ㉠은 윤리적이다.

ㄴ. (○) 정은 태아가 상해를 입는 나쁜 결과를 초래하지 않고서는 암을 제거하는 좋은 결과를 가져올 수 없다. 이 경우 제시문에 따르면 어떠한 행위도 하지 않더라도 그것은 비윤리적인 것이 아니라고 보고 있으므로 선택지의 내용은 옳다.

ㄷ. (×) 수술을 해야만 병이 살 수 있더라도 정이 암을 제거하는 수술을 하면 그 과정에서 메스로 태아의 신체에 손상을 가할 수밖에 없으므로 조건 (1)을 충족하지 못한다. 그러므로 ㉡은 윤리적인 것이 될 수 없다.

24. 정답 ②

선택지 해설

ㄱ. (×) A는 해악을 끼치는 기능만을 가진 물건을 제외한 어떤 물건도 자유롭게 판매할 수 있다고 보고 있는 반면 C는 해악을 주는 기능을 가진 물건 중에 사람의 신체를 치료하는데 필요한 기능을 같이 가진 물건이나 이익을 주는 기능만 있는 물건만 판매할 수 있다고 보고 있으므로 A는 C보다 판매할 수 있는 물건의 범위를 더 넓게 판단한다.

ㄴ. (○) 마약이 구매자에게는 해악을 주는 기능만 있지만 신체를 치료하는데 필요한 경우(이익을 주는 경우) C에 따르면 마약은 판매할 수 있다. A의 경우 마약이 해악과 동시에 이익을 주기 때문에 판매를 할 수 있다고 본다. 반면 B의 경우 해악보다 이익을 더 많이 주는 물건만 판매가 가능하므로 치료하는 기능보다 해악이 더 크다면 판매가 허용되지 않을 수도 있다.

ㄷ. (×) A의 경우 이익을 주는 물건은 무조건 판매가 가능하므로 선택지의 물건을 판매할 수 있다고 볼 것이다. B이 경우 이익이 해악보다 커야만 판매가 가능하다. 그런데 선택지에서처럼 다양한 기능을 가지고 있고 그 기능 중 일부가 해악보다 이익을 더 많이 주더라도 그 물건이 가지는 총 기능이 기능이 해악보다 이익을 더 많이 주는지의 여부를 알 수 없으므로 판단할 수 없다.

25. 정답 ⑤

선택지 해설

ㄱ. (○) 제시된 내용에 따르면 철 원자 하나가 동시에 두 개의 그릇의 재료가 될 수 없는 것처럼 각 그릇을 구성하는 재료는 모두 다르다. 즉 각 물체는 동일한 종류의 재료로 만들어질 수는 있어도 각 재료들이 동일하지 않으므로 물체 하나 하나를 구별할 수 있다고 본다. 그러므로 선택지의 내용은 옳다.

ㄴ. (○) 제시된 내용에 따르면 형상은 종류가 동일한 다른 물체들을 구분해 주는 역할을 한다. 이것이 가능하기 위해서는 물체의 형상이 동일한 경우 두 물체는 동일한 종류로 분류되어야 한다. 그러므로 선택지의 내용은 옳다.

ㄷ. (○) 제시된 내용에 따르면 흙덩어리는 가능적 존재이고, 그 흙덩어리로부터 만들어진 그릇은 실체적 존재이다. 그리고 가능적 존재의 형상이 변함으로 인해 실체적 존재가 만들어지므로 가능적 존재는 시간적으로 실체적 존재보다 앞선다. 따라서 글은 선택지의 내용에 동의하지 않는다.

26. 정답 ②

선택지 해설

ㄱ. (×) 글에 따르면 나이가 들어감에 따라 N의 성능은 낮아지고 언어구사 능력은 N의 성능에 비례한다. 그러므로 위 글에 따르면 나이가 들어감에 따라 언어구사 능력은 감소한다. 하지만 위 글의 주장과 대립하는 위의 주장(언어는 학습된다는 주장)을 보면 학습 능력은 나이가 들수록 낮아지고, 학습능력과 언어구사 능력은 비례하므로 해당 주장에 따르더라도 나이가 들수록 언어구사 능력은 감소해야 한다. 따라서 대립되는 두 가설을 지지하는 근거는 없으므로 선택지의 내용은 가설을 강화하지 않는다.

ㄴ. (×) 위 글에 따르면 N이 작동하기 위해서는 만 3세에서 5세 사이의 시기에 언어환경에 노출되어야만 N이 작동되고, N이 작동되어야만 언어를 구사할 수 있는 능력을 가지게 된다. 그러므로 해당 시기가 지난 시점에 언어환경에 노출된 A와 B는 언어를 구사할 수 있는 능력이 없어야 한다. 따라서 선택지의 내용은 위 글을 약화한다.

ㄷ. (○) 위 글에 따르면 사람들은 특정 시기에 특정 언어환경에 노출되는 경우 그 언어에 맞춰서 N이 작동하게 되고 N이 작동하면 해당 언어의 문장을 지속적으로 만들어낼 수 있다. 그러므로 선택지에서처럼 한 번도 사용한 적이 없는 문장을 구사할 수 있는 능력이 사람들에게 있다면 이는 위 글을 강화하게 된다.

27. 정답 ③

선택지 해설

ㄱ. (○) 셋째 근거에 따르면 개인은 자신이 선호하는 정치인에게 기존보다 더 많은 정치자금을 후원할 것이라고 보고 있다. 이는 개인이 후원하는 정치자금이 제도에 따라 한도가 정해져 있다는 것을 전제하고 있다. 그렇지 않으면 개인이 내는 후원금은 한도에 국한해서 어떠한 경우에도 불법정치자금이 될 수 없고, 이 경우 불법정치자금이 증가할 것이라는 주장의 설득력은 약화된다. 따라서 선택지의 내용은 논증을 약화한다.

ㄴ. (○) 논증에 따르면 둘째 근거에 따라 정치인이 모금하는 후원금은 P제도가 시행되기 전인 2020년보다 시행된 후인 2021년에 더 많아져야 한다. 이와 부합하는 선택지의 내용은 논증을 강화한다.

ㄷ. (×) 첫째 근거에 따르면 기업들이 후원금을 줄이지 않을 것이라고 보고 있다. 즉 논증은 기업들이 P가 시행되기 전부터 P에 따른 한도액보다 더 많은 금액을 내고 있었고, P가 시행되면 한도를 초과하는 금액은 전부 불법정치자금이 되므로 불법정치자금이 증가한다고 보고 있는 것이다. 그러므로 선택지의 내용은 논증은 약화하는 것이 아니라 오히려 강화한다.

28. 정답 ①

선택지 해설

ㄱ. (○) 건설사가 유사한 사업을 경매 없이 진행했을 때 받은 금액보다 경매를 통해 입찰한 금액이 더 낮다면 건설사는 가격을 일정부분 희생하고서라도 경매에서 이길 확률을 증가시키려 했음을 추론할 수 있다. 만약 ㉠처럼 입찰 담합이 존재했다면, 유사한 사업에서 받은 금액과 비슷하거나 더 높은 가격이 주로 입찰되었을 것이다.

ㄴ. (×) 정부가 건설사에게 지불할 금액을 최종적으로 지출된 비용을 검토한 뒤 다시 결정하도록 제도가 바뀐다면 건설사는 입찰 가격을 높게 설정하더라도 이윤을 늘리기 어렵다. 즉, 입찰 가격과는 무관하게 건설사의 이윤이 결정되므로 입찰 담합을 할 유인이 사라진다. 그럼에도 동일한 건설사가 입찰하는 가격이 유사하다면 애초부터 입찰 담합이 존재했을 가능성이 희박하므로 이는 ㉠을 약화한다.

ㄷ. (×) 자진 신고자의 과징금을 감면해주는 제도가 도입된 이후 신고건수가 없다고 해서 이전에 담합이 거의 없었다고 추론하는 것은 무리이다. ㉠의 주장이 옳더라도 제도의 도입 이후에 신규 담합의 형성이 저해되어 신고건수가 거의 없을 수 있다.

29. 정답 ①

선택지 해설

ㄱ. (○) 만약 참가자가 L1을 골랐다면, 이는 그 참가자가 위험기피적이라는 것을 의미한다. 그러나 N2를 고르는 것은 위험선호적인 행동이므로 기준점에 따라 위험에 대한 태도가 변화하는 것을 볼 수 있다. 이는 기대효용이론은 설명하지 못하는 반면 전망이론은 설명할 수 있는 현상이므로 ㉡은 강화된다.

ㄴ. (×) 참가비를 받기 전을 기준점으로 인식한다면 참가비 1000원을 받더라도 여전히 [선택1]은 얼마만큼의 이득을 볼지, [선택2]는 얼마만큼의 손해를 볼지에 관한 선택이므로 ㉡에 따르면 A와 B에서는 참가자 대부분이 같은 선택을 할 것이다.

ㄷ. (×) 상황 C의 경우 참가비 5000원을 지급 받으면 [선택1]과 [선택2] 모두 이득을 보는 상황이기 때문에 ㉡에 따르면 참가자들이 위험기피적으로 행동해 대부분 L1과 N1을 고를 것이다. 그러나 ㉠의 경우 기준점과 위험에 대한 태도는 무관하다는 것만을 주장했지, 위험기피적인지 선호적인지에 대해서는 주장하지 않았으므로 선지와 같이 예상할 수 없다.

30. 정답 ③

핵심정보

제시된 조건을 맨 위에서부터 순서대로 조건 1~조건 4라고 정의한다.

A는 조건 3에 따라 1번과 2번에 있을 수 없고, 조건 1에 따라 B, C, D는 A보다 아래에 있을 수밖에 없으므로 5~10번 사이에 있어야 한다. 그리고 조건 2에 따라 1번부터 4번까지의 상자 중에 비어 있는 상자는 없기 때문에 B, C, D를 제외한 나머지 A, E, F, G는 1, 2, 3, 4번에 있어야 한다. 이에 따라 A는 3번이나 4번에 있어야 한다. 그리고 E는 조건 4에 따라 짝수 번호의 상자에 있어야 하므로 2번이나 4번에 있어야 한다. 만약 G가 1번에 있으면 D는 조건 3에 따라 3번에 있어야 하므로 조건과 모순된다. 그러므로 G는 3번에 있을 수밖에 없고 이에 따라 D는 5번, A는 4번에 각각 있는 것이 된다. A가 4번에 있으므로 조건 4에 따라 E는 2번에 있어야 하고, F는 1번에 각각 있어야 한다.

정리하면 다음과 같다.

위	1번, F	2번 E
	3번 G	4번 A
	5번 D	6번 C/X
	7번 B/X	8번 C/X
아래	9번 B/X	10번 C/X

선택지 해설

ㄱ. (○) E는 2번, A는 4번 상자에 들어 있으므로 옳다.
ㄴ. (×) 10번 상자에 C가 들어 있을 수도 있다.
ㄷ. (○) 8번 상자에는 C가 있을 수도 있지만 7번이나 9번 상자 중에 B가 들어 있지 않은 상자는 비어 있을 수밖에 없으므로 옳다.

31. 정답 ⑤

선택지 해설

제시된 내용을 맨 위에서부터 순서대로 조건 1~조건 5라고 정의하자.

조건 1에 따라 2구역에는 A와 B가 없고, 1, 2, 3, 4구역에는 A가 없다. 그러므로 2구역에는 C나 D가 있어야 하는데, 조건 4에 따라 C카드는 모두 A카드와 인접하므로 6구역에 A가 있어야만 2구역에 C가 있을 수 있다.(A는 1, 3구역에 있을 수 없으므로) 그런데 조건 5에 따라 6구역에는 D가 있으므로 2구역에는 C 역시 있을 수 없다. 따라서 2구역에는 D가 있다. 그리고 조건 2에 따라 3열은 모두 검은색이고, 4열은 모두 흰색이다.

	1열	2열	3열	4열
1행	~A	D	~A, 검	~A, 흰
2행		D	검	흰

조건 3에 따라 B는 1행과 2행에 각각 하나씩 있어야 하고, 2행에는 A가 두 장, D가 한 장 있으므로 2행에는 C가 있을 수 없다. 만약 B가 7구역에 있는 경우 A는 5구역과 8구역에 있는 것이 되고, C는 1구역과 4구역에 있는 것이 된다. 그러므로 B는 3열에 있을 수밖에 없고, 3열은 모두 검은색이므로 각 종류별로 흰색과 검은색이 존재한다는 조건과 모순된다. B가 8구역에 있어도 B는 흰색만 존재하게 되므로 B는 1열에 있을 수밖에 없다. 그러므로 1구역과 5구역에는 B가 있는 것이 되고, 7구역과 8구역에는 각각 A가 하나씩 있으며, 3구역과 4구역에는 각각 C가 하나씩 있는 것이 된다.

정리하면 다음과 같다.

	1열	2열	3열	4열
1행	B	D	검, C	흰, C
2행	B	D	검, A	흰, A

① (×) 1구역에는 B가 있다.
② (×) 2구역에는 D가 있다.
③ (×) 2행에는 C가 없다.
④ (×) 1구역에 있는 카드가 검은색이더라도 2구역에 있는 카드가 검은색일 수도 있다.
⑤ (○) 2구역과 6구역 모두 D이므로 2구역에 있는 카드가 흰색이라면 6구역에 있는 카드는 검은색이 된다.

32. 정답 ⑤

선택지 해설

제시된 조건을 맨 위에서부터 순서대로 조건 1~조건 5라고 정의한다.

조건 2에 따라 A, B, C, D는 가격에서 2등급, E, F, G, H는 연비에서 1등급을 각각 받았다. 그리고 조건 1에 따라 각 차량별로 각 항목별로 동일한 등급은 없고, 조건 3에 따라 성능 항목에서 5대의 차량이 3등급, 3대의 차량이 1등급을 받았으므로 연비에서 1등급을 받은 E, F, G, H는 성능에서 1등급을 받을 수 없으므로 3등급을 받아야 한다.(총 대수는 8대이고 이중 5대는 3등급, 3대는 1등급을 받았으므로)

조건 4에 따라 A와 B 중 한 대, E, F, G 중 두 대가 선정되었으므로 C, D, H는 E, F, G 중에 두 대보다 점수가 낮아야 한다. 그런데 E, F, G, H는 가격에서 2등급이나 4등급을 받을 수밖에 없으므로 선정되지 않는 H는 4등급을 받고, E, F, G 중 한 대는 4등급 나머지 두 대는 2등급을 받아야 한다. E, F, G 중에 선정되는 차량의 총 합은 가격에서 2등급을 받아 5점, 연비에서 1등급을 받아 4점, 성능에서 3등급을 받아 2점을 획득하여 총 11점이 된다. 그러므로 선정되지 않는 C와 D는 무조건 11점보다 점수가 낮아야 한다. 만약 C와 D가 4등급을 획득하지 않는다면 연비나 성능 중에 하나는 1등급, 나머지 하나는 3등급을 획득하게 되고 이 경우 획득한 점수합은 11점이 되어 E, F, G 중 선정되는 차량의 점수와 동일해지게 된다. 또한 성능 점수는 1등급이나 3등급밖에 될 수 없으므로 C와 D의 연비 등급은 각각 4등급이 된다. 그리고 조건 5에 따라 B와 F는 4등급을 받아야 하므로 F는 가격에서 4등급을 받은 것이 되어 E와 G는 가격에서 2등급을 획득하므로 E와 G가 선정된다. 그리고 B가 4등급을 획득했으므로 B는 C, D와 마찬가지로 최대 10점만 획득할 수 있음에 따라 선정되지 않는다. 그리고 조건 5에 따라 A가 연비에서 1등급을 받았으므로 성능에서는 3등급을 받은 것이 되어 B, C, D는 각각 성능에서 1등급을 받은 것이 된다. 정리하면 다음과 같다.

	A	B	C	D	E	F	G	H
가격	2	2	2	2	2	4	2	4
연비	1	4	4	4	1	1	1	1
성능	3	1	1	1	3	3	3	3
점수	11	10	10	10	11	7	11	7

ㄱ. (○) 옳다.
ㄴ. (○) 옳다.
ㄷ. (○) 옳다.

33. 정답 ⑤

선택지 해설

제시된 조건에 따르면 구슬은 각 색깔별로 1개 이상 있으며 각 색깔별로 있는 구슬의 개수도 모두 다르므로 가능한 조합은 1개, 2개, 4개밖에 없다. A, B, E의 진술에 따르면 파란색, 노란색, 빨간색 구슬이 각각 2개씩 있어야 하지만 두 종류의 색깔만이 두 개 이상이 될 수 있다. 그러므로 A, B, E의 진술 중 하나는 거짓이다. 따라서 C와 D의 진술은 참이 되어 2번과 5번에는 노란색, 1번과 3번에는 파란색 구슬이 들어 있는 것이 된다. 이에 따라 1개가 될 수 있는 구슬은 빨간색밖에 없다.

만약 A가 거짓이고 B와 E가 참이면 빨간색 구슬과 노란색 구슬이 각각 두 개 이상씩 있어야 하지만 C와 D의 진술에 따라 파란색 구슬 역시 두 개 이상이 되어 조건에 부합하지 않는다. 그러므로 B와 E 중에 하나는 거짓이 된다. E가 참인 경우 마찬가지로 빨간색, 노란색, 파란색 구슬이 각각 2개 이상씩 있어야 하므로 조건에 부합하지 않는다. 그러므로 E의 진술은 거짓이고, A, B, C, D의 진술은 참이 된다.

이에 따라 2번, 4번, 5번 상자에는 노란색 구슬이 들어 있고, 1번과 3번에는 파란색 구슬이 들어 있으며, 빨간색 구슬은 6번이나 7번에 들어 있다.

ㄱ. (○) 옳다.
ㄴ. (○) 옳다.
ㄷ. (○) 옳다.

34. 정답 ②

선택지 해설

ㄱ. (×) X에 따르면 목표를 완수하는 데 주어진 시간이 적어질수록 그 목표를 달성하기 위한 주행동의 주의력이 더 많이 상승한다. 그러므로 시험시간이 가까워질수록 주어지는 시간이 부족해지게 되고 이 경우 공부에 따른 결과의 성취도는 더 높아지므로 X는 강화된다.

ㄴ. (○) A 구성원은 P만 공부하면 되지만, B 구성원은 P와 R을 모두 공부해야 한다. 그러므로 다른 모든 조건이 동일하다면 목표를 달성하는데 주어진 시간은 A보다 B가 더 부족하다. 따라서 이 경우 A보다 B가 더 많이 주행동에 주의력을 집중하게 되고, 이에 따라 보조행동에 주의력을 덜 집중하게 되므로 책정리에 필요한 행동에 따른 결과의 성취도는 낮아진다. 따라서 선택지의 내용은 X를 약화한다.

ㄷ. (×) 다른 모든 조건이 동일한 경우 X에 따르면 A 구성원보다 B 구성원이 더 많은 공부를 해야 하므로 A보다 B가 공부에 따른 정보 습득량이 더 많아야 한다. 그러므로 선택지의 내용은 X를 약화한다.

35. 정답 ①

선택지 해설

ㄱ. (○) 갑은 L복용량과 혈압이 비례한다는 견해를 취하고 있다. 그런데 J연구팀에서는 무작위로 선정된 피실험자를 대상으로 조사한 결과 L을 복용한 사람과 복용하지 않은 사람간에 유의미한 혈압 상승차이는 확인되지 않았다는 결과를 도출했으므로 이는 갑의 견해를 약화하는 것이다.

ㄴ. (×) 을은 연령이 증가할수록 L의 복용량이 증가하므로 그에 따라 L을 많이 복용한 사람일수록 혈압이 상승하는 것처럼 보일 뿐이라고 갑을 비판하면서, 실제로는 혈압의 상승이 연령의 증가와 관련이 있다고 주장한다. 그러므로 연령과 혈압만을 조사한 결과 두 요인이 정비례했다면 이는 을의 견해를 강화한다. 그런데 갑 역시 연령에 따른 혈압 상승을 고려하고 있으므로 선택지의 내용이 갑에 대한 을의 비판을 강화하지 않는다. 나아가 선택지에서처럼 갑에 대한 을의 비판을 약화하려면 L의 복용량과 연령이 정비례하지 않아야 한다. 그러므로 선택지의 내용은 옳지 않다.

ㄷ. (×) J의 실험결과에 따르면 L을 복용한 사람과 복용하지 않은 사람간에 차이가 없고, 운동시간이 많은 사람일수록 혈압이 상승하는 폭이 감소하였으므로 L의 복용량이 많은 사람일수록 운동시간이 많아야만 L을 복용한 사람과 복용하지 않은 사람간에 차이가 없을 것이다. 따라서 선택지의 내용은 병의 견해를 강화하지 않는다.

36. 정답 ⑤

선택지 해설

ㄱ. (○) 을의 경우 우주는 시간적으로 무한히 오래되었고, 우주가 존재하는 동안 지속적으로 팽창해왔다면 우주의 크기는 무한해야 한다. 그러므로 선택지의 주장은 을의 견해와 양립할 수 없음에 따라 을의 견해를 약화한다.

ㄴ. (○) 갑의 경우 대폭발 이후 우주를 구성하는 모든 것들이 계속 멀어지고 있다고 보고 있으므로 시간이 경과할수록 은하들 사이의 거리가 멀어진다는 주장은 갑의 견해를 강화한다. 반면 을의 경우 은하들이 서로 멀어질 때 연속적으로 그 사이의 공간에 물질이 생성되고 그 물질이 다시 은하를 형성한다고 주장하고 있으므로 선택지의 주장은 을의 견해를 약화한다.

ㄷ. (○) 물질은 공간의 일부를 차지한다는 것과 공간을 차지하지 않는 에너지와 물질이 서로 변환이 가능하다는 것을 받아들여도 우주가 팽창하는 만큼 에너지가 물질로 변화하여 우주의 밀도가 일정하게 유지됐다는 설명이 가능하므로 갑을 반박하는 을의 주장(우주의 밀도가 일정하게 유지됐다는 주장)만으로는 갑의 견해를 반박할 수 없다.

37. 정답 ⑤

선택지 해설

제시된 내용을 표로 정리하면 다음과 같다.
C는 A에 돌연변이 일으킴, D는 B에 돌연변이 일으킴

〈가설1〉 A돌연일 때 노화 X

	AB (1)	A (2)	B (3)	0 (4)
CD (㉠)	X	X	X	X
C (㉡)	X	X	X	X
D (㉢)	O	O	X	X
0 (㉣)	O	O	X	X

〈가설2〉 B돌연일 때 노화 X

	AB (1)	A (2)	B (3)	0 (4)
CD (㉠)	X	X	X	X
C (㉡)	O	X	O	X
D (㉢)	X	X	X	X
0 (㉣)	O	X	O	X

ㄱ. (○) 〈가설2〉에 따르면 B가 돌연변이일 때 노화가 일어나지 않으므로 A와 B가 정상인 그룹에서 C가 주입되면 B는 정상이므로 노화가 일어난다. 그리고 C와 D를 모두 주입하지 않은 그룹에서는 B가 정상이므로 노화가 일어난다. 그러므로 선택지의 내용은 〈가설2〉를 강화한다.

ㄴ. (○) 〈가설1〉에 따르면 A에 돌연변이일 때 노화가 일어나지 않으므로 (3)에서는 노화가 일어나지 않으며 (2)에서 D만 주입한 쥐(㉢)에서는 노화가 일어난다. 그러므로 선택지의 내용은 〈가설1〉을 약화한다. 〈가설2〉에 따르면 B가 돌연변이일 때 노화가 일어나지 않으므로 B가 돌연변이인 (2)에서는 노화가 일어나지 않으며 (3)에서 D만 주입한 쥐에서도 노화가 일어나지 않는다. 그러므로 선택지의 내용은 〈가설2〉를 강화한다.

ㄷ. (○) (4)의 경우 A와 B가 모두 돌연변이인 쥐이므로 A와 B 중에 어느 하나에 돌연변이가 일어나는 경우 노화가 일어나지 않는다는 제시문의 전제에 의해서 당연히 노화가 일어나지 않아야 한다. 또한 해당 사례는 〈가설 1〉과 〈가설 2〉 모두에 의해서 설명이 가능한 사례이므로 두 가설 모두 강화하지 않는다.

38. 정답 ⑤

선택지 해설

ㄱ. (○) 제시된 내용에 따르면 모든 핵자(양성자와 중성자도 핵자이다.)는 한 개 이상의 U쿼크를 포함하고, 양성자와 중성자 모두 3개의 쿼크로 구성되어 있다. U쿼크의 전하는 2/3e로서 전하가 0e가 되기 위해서는 -1/3e인 전하 두 개가 포함되어야 한다. 그러므로 전하가 2/3e인 C쿼크는 중성자를 구성할 수 없다.

ㄴ. (○) 모든 핵자가 1세대 쿼크로만 구성되었다면 중성자와 양성자는 모두 U쿼크와 D쿼크로만 구성된다. 이중에 전하가 2/3e인 U쿼크 하나가 반드시 들어가야 하므로 전하가 1e인 양성자는 두 개의 U쿼크와 1개의 D쿼크로 구성되어야 한다. 중성자의 경우 전하가 0이어야 하므로 한 개의 U쿼크와 두 개의 D쿼크로 구성되어야 한다. 쿼크 중에 가장 가벼운 것은 U쿼크이므로 U쿼크가 하나인 중성자보다 두 개인 양성자가 더 가볍다.

ㄷ. (○) B쿼크가 두 번째로 무겁다면 T쿼크가 가장 무거우므로 나머지 쿼크들은 B쿼크보다 가벼워야 한다. 그리고 B쿼크는 T쿼크보다 40배 가볍기 때문에 U, D, C, S는 모두 T쿼크보다 40배 가벼운 것보다 더 가벼워야 한다. 그러므로 두 개의 D쿼크와 두 개의 C쿼크로 구성된 소립자는 T보다 10배 이상 가볍다.

39. 정답 ⑤

선택지 해설

제시된 내용을 정리하면 다음과 같다.

제1경로: 상처로 인해 조직에서 TS분비→PC

제2경로: 혈관 내의 P효소와 조직내 HG인자 접촉→BC→CM→CO

제1경로와 제2경로 공통: SP→AC→FB→피브린→혈전

ㄱ. (○) 제시된 내용에 따르면 제2경로의 경우 혈관 손상으로 인해 혈액이 유출되면 그 혈액 내의 P효소가 혈관주변의 BC인자와 접촉함으로써 혈액응고작용이 시작된다. 반면 제1경로의 경우 신체 내부나 표면에 상처가 발생하면 그 발생 부위의 조직 전체에서 혈액응고 작용의 시작을 알리는 TS인자가 분비되므로 혈관 이외의 조직에 상처를 입어도 혈액응고작용 과정이 시작된다.

ㄴ. (○) X에 돌연변이가 발생하면 CM이 활성화되지 않아서 제2경로에 의한 혈액응고작용은 발생하지 않으므로 제1경로에 의한 혈액응고작용만 가능하다. 그리고 제시문에서 각 인자가 활성화되면서 다른 인자를 활성화 하는 데까지 걸리는 시간이 모두 동일하므로 보다 짧은 과정을 거치는 제1경로가 제2경로보다 더 빠르게 일어난다. 그러므로 정상적인 M과 X에 돌연변이가 발생한 M은 혈액응고에 필요한 피브린이 형성되는 시간이 동일할 것이다.

ㄷ. (○) Y에 돌연변이가 발생하면 AC인자가 활성화될 수 없다. AC인자의 활성화는 제1경로와 제2경로에 의한 혈액응고작용의 공통과정이므로 Y에 돌연변이가 발생하면 제1경로와 제2경로에 의한 혈액응고작용 모두 일어날 수 없다. 그러므로 선택지의 내용은 옳다.

40. 정답 ②

선택지 해설

ㄱ. (×) ㉠은 기억이 물질로 되어 있어서 다른 개체로 이전될 수 있다고 보는 반면 ㉡은 기억이 구조 자체라서 다른 개체로 이전될 수 없다고 본다. 그런데 선택지의 실험은 기억의 이전과 관련된 실험이 아니라 기억이 어디에 있는지에 대한 실험이므로 기억이 머리에만 존재한다는 등의 주장이 없다면 약화되지 않는다. 따라서 선택지의 내용은 ㉠과 ㉡ 모두 약화하지 않는다.

ㄴ. (○) P로부터 재생된 개체 중 빛이 깜박이면 몸을 움츠리는 개체는 움츠리는 행동과 관련된 기억이 있는 개체이고 그렇지 않은 개체는 해당 기억이 없는 개체이다. 그러므로 움츠리는 행동과 관련된 기억이 있는 개체를 먹은(기억을 흡수한) 개체만 몸을 움츠린다면 이는 기억이 이전된다는 것에 대한 근거가 되므로 ㉠은 강화되고 ㉡은 약화된다.

ㄷ. (×) 을의 실험에서는 학습된 R의 머리만 재생하여 그 재생된 개체와 일반 개체를 비교하는 것이므로 이는 플라나리아의 기억이 머리에 있는 것이 옳은지를 확인하는 실험이다. 그러므로 ㉢보다 ㉣이 더 길었는지의 여부와 관련 없이 ㉠과 ㉡은 모두 약화되지도 강화되지도 않는다.